リュウ・ブックス
アステ新書

RYU
BOOKS
ASTE

「話し方」の品格

「品のいい人」になれる10か条

福田 健

はじめに

かつては「話し方」というと、「口先でうまいこと喋る術《すべ》」「スラスラと流暢《りゅうちょう》に話すためのテクニック」と受け取られ、軽視されていた。中には「口のうまいのにろくな人はいない」と、あからさまに非難する者もいたほどだった。

今日、ようやく「話し方」は、「人間生活の基本能力」であり、「人が社会生活を営む上で欠かすことのできない能力」として、位置づけられるようになった。

話し方が単なるお喋りの術としてではなく、「話す・聞く」のやり取りを通じて、人と人との交わりを作り、相互理解を深めて、協力を獲得するコミュニケーション力として、理解されるまでに成長したのである。

「話し方」の地位が向上するにつれ、「話す・聞く」技術を身につけ、能力を高める必要性が増してくるとともに、変化が激しく、複雑化した社会において、コミュニケーションのとり方も、それだけ難しさを増してきている。

本書は、右のような状況を踏まえて、これまでになかった「話し方の品格」という視点から、話し方、聞き方に吟味、検討を加えたものである。

内容の詳細は本書を読んでいただくとして、ここでは、「話し方の品格」を支える要素をギリギリ要約して、次頁のような三角図で示してみよう。

三角形の底辺における「ホンプラ」とは、「本物のプライド」の略語である。話し方の品格を支えるのは、なんといっても、話し手のプライドでなければならない。ただし「プライド」という言葉は、しばしば面子などにこだわることから、

「プライドが許さない」

「私にだってプライドがある」

「プライドを傷つけられた」

などと、自分の弱さをカバーするための間違った意味に使われる。そうした贋物《にせもの》のプライドと区別するために、あえて意味を限定して「ホンプラ」という略語を用いたのである。

本物のプライドを持った人は、威張ったり、偉そうなものの言い方をしない。反面、卑屈になることもない。自分の間違いは素直に認め、きちんと謝る。意地になったり、虚勢を張ったりしない。謝ったあとに、自分はいつもそんな間違いをする人間ではない

との、自負を持っているからである。本物のプライドは、自己肯定感と結びついているのだ。

次に、品格を支えるのは、「やわらか頭」、つまり、頭と心のやわらかさである。

歌人の俵万智さんは、歌を作るコツを問われて、

「日頃から、心の筋肉をやわらかくしておくこと」

と、答えている。頭も心も、筋肉と同じように、放っておくと、固くなりこわばってしまう。話し方が直面する状況は千差万別で、これに対応するには、頭と心をやわらかに保つ必要がある。状況が変化しているのに、

「そんなやり方は私は認めない」

と、これまでの手法にとらわれている人は、頭がかたく、話し方も頑《かたく》なで、見苦しい。

話し方に品格のある人は、枠にとらわれない、視野の広いものの見方や発想のできる人である。

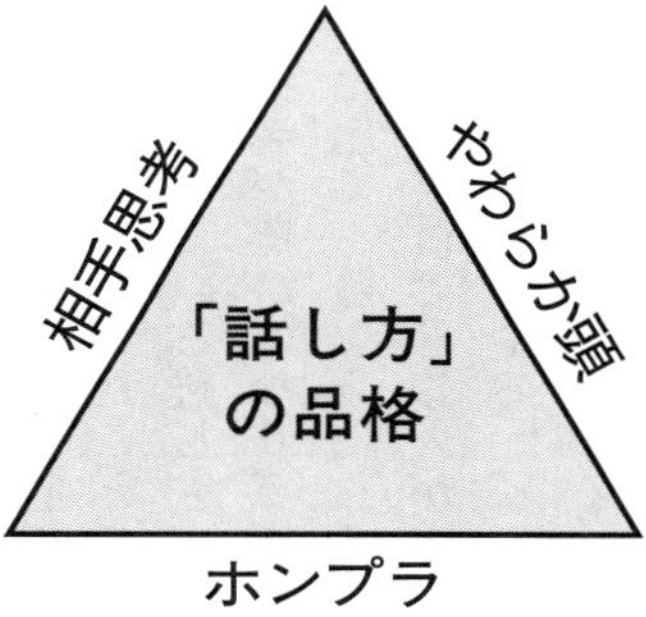

品格を支える三つ目の要素が「相手思考」である。相手を考えてものを言う。当たり前でわかりきったことである。だが、当たり前なことはわかり切っているだけに、その奥に潜んでいる難しさに気づかないものだ。

社会が豊かになり、複雑になると、当たり前なことの中に隠れている難しさが、時折表に出てくるようになる。豊かな時代は、その難しさに気づき、当たり前なことを当たり前に実行できる人が求められる。

「相手を思いやる」

「他人の痛みがわかる」

「相手の視点に立って考える」

などが、話し方を通して実現できる人こそ、品格のある話し方を身につけた人として、重要視されるのだ。

本書は、右の三つの要素からなる「話し方の品格」が向上するように、その心得と方法を述べた本である。

毎日の生活で、誰もがついつい品のない話し方、聞き方をしてしまうのが現実である。

そこで本書ではあえて、品格を欠いた事例を多く引用した。そこから、どう話し方の品格を上げていくかを考えてみたかったからである。もちろん、品格のある素晴らしい事例も引用しておいた。

本書を通して、生活の基本能力である「話し方」「聞き方」について、多くの方が一層の関心を寄せていただければ、こんな嬉しいことはない。

福田　健

「話し方」の品格・もくじ

第2章　「品位」を落とすこんな話し方

▼「話し手」が知らないうちに陥る落とし穴

第3章 品格を保つ話の〝さじ加減〟

▼対人関係で悩まないための会話の基本ルール

第4章　「聞き方」にあらわれる品格

▼「聞く」のは大事な自己表現のひとつ

第5章　「品格」は外見で判断される

▼姿勢・動作・表情にも気を配る

編集協力／もみじ社

第1章

「話し方」でわかる人の品格

▼人をなごませる言葉遣いと表現方法

作家の芥川龍之介は、「文は人なり」と言ったが、話もまた、人なりである。

話し方にはその人の人間性があらわれる。品格もまた、話し方にあらわれるのだ。


広告会社で部長を務めるMさん。決して部下をほめないし、部下のほめ言葉も受けつけない。部下がほめても、

「馬鹿言うんじゃない」

の一言のもとに、これをはねつける。この「馬鹿言うんじゃない」は、Mさんの口癖であった。部下の提案を却下するときにも、この一言で片づけた。理由の説明はなかった。酒席ではよく喋るが、仕事上は言葉が不足気味だった。

だが、部下から慕われてもいたのだ。

「うまく言えないんですが、何か魅力があるんですよ」

とは、部下の弁である。

部下の前ではほめ言葉を発しないMさんだが、他部門の人やクライアントを相手に話をすると、さり気なく部下をほめる。何気なく言うから、言われた人は聞き流してしまうが、当の部下の姿を見かけたときに思い出し、

「そういえば、キミのこと、M部長がほめていたぞ」

ほめられた経験のない部下は、

「ウソでしょう」

と、本気にしない。

「ウチの部長がほめるなんて、あり得ないですから」

「そうかねえ」

「そうですよ」

「M部長に話してごらん」

「それこそ『馬鹿言うんじゃない』って相手にされませんよ」

あり得ないと思っても、部下は悪い気はしない。

どういうわけか、本人の前で大げさにほめ言葉をまき散らす上司の姿に、品は感じられない。Mさんの話し方には品がある。口先だけの話し方と、言葉の奥に心のある話し方の違いである。

話し方の品格は、第一に言葉の奥にどんな心があるかによって決まる。第二にその心を、的確な言葉で、ほどよく表現できるかどうかによる。

●人の品位は「怒り方」にあらわれる

怒りの表現ほど、その人の心をはっきりと見せつけるものはない。それだけに、怒ったあとには後味の悪さが残る。とはいえ、怒りは決して避けなければならないものではない。

すぐに怒る身勝手な人

カッとなってすぐ怒るのは、身勝手であり、相手のことが考えられないからである。

●相手のやり方が自分と違っていて気に入らない
●部下が言うとおりに従わないために、面白くない
●こちらが問題を一杯抱えているのに、若い連中が呑気に馬鹿笑いをしているのを見て、むしゃくしゃする

といった状況のもと、

「機嫌を損ねる」

「腹を立てる」

「声を荒げて怒り出す」

職場や家庭でよく見られるが、いかにも大人気ないし、わがままで身勝手、品格のある話し方とは遠い姿である。

第一に、自分と同じでないと気がすまない、気に入らないというのは、案外、多くの人の心に潜んでいる意識かもしれない。同じを好み、違いに反発する。カッとなって、

「おかしい」

「どうかしている」

と、決めつける。自分は正しく、相手は間違っているという話し方では、自分の狭量を見抜かれるだけだ。だからこそ違う価値感や見方、意見を受け入れるようになりたい。そうすると、心に余裕が生まれて、話し方にもゆとりが感じられるようになる。

第二に、「相手は自分の思いどおりになる存在」は、思い上がりからきた見方である。このような見方にとらわれていると、思いどおりに従わない相手を、

「生意気な奴だ」

「けしからん」

などと思い、カッとなって怒り出す。

人の上に立つと、とかくこのようなパターンに陥りやすいので、気をつけなければならない。

人を思いどおりに動かしたいというのは、人間の支配欲がそうさせる。人の上に立つと、支配欲が強くなるために、自分の言うとおりになる存在として、相手を見てしまう。その相手から反対意見が出たりすると、予期せぬ出来事となって、すぐ怒り出してしまうのである。

相手には相手の事情があり、考え方がある。それを知ろうと努めれば、一呼吸置いて、相手の意見に耳を貸せるようになる。

第三に、大声で馬鹿笑いをしていると映る若い人たちの姿は、勝手に自分が作り出したのである。故意に怒らせようとして、彼らが笑っているように勘違いして、

「うるさい」

「オレを怒らせる気か」

と、大声で相手に嚙みつくのだ。

怒っているのは自分であって、相手の言動をどう受け止めるかは、自分が決めることなのである。

「私を怒らせないで」

こんな言い方をよくする女性がいるが、相手の言動に対して、

「楽しそうね。何をそんなに笑っているの」

と反応するのも、自分がそうしているのだ。そのことに気づけば、いきなり、

「うるさい」

などと怒らずにすむ。

すぐに怒り出すのは〝自分がない〟証拠

三木清の『人生論ノート』（新潮社刊）に、次のような一節がある。

「ひとは軽蔑されたと感じたとき最もよく怒る。だから自信のある者はあまり怒らない。彼の名誉心は彼の怒りが短気であることを防ぐであろう。ほんとに自信のあるものは静

かで、しかも威厳を備えている。それは完成した性格のことである」

カッとなって、

「馬鹿にするな」などと怒り出す人は、心の中に自信のなさが棲《す》みついていて、ちょっとしたことで、「軽蔑された」「馬鹿にされた」と怒りをあらわにする。

彼が待ち合わせの時間に十五分遅れてきた。彼女は怒り出し、

「要するにあなたは、私なんかどうでもいい存在なんだわ」

と叫んだ。彼が遅れた理由を説明しても、耳を貸さなかった。

「私を馬鹿にしている」

実は馬鹿にしているのは自分であることを知らなければならない。品のいい人は、自分を肯定している人である。自分が肯定できれば、相手を受け入れることもできる。

「ごめん、ごめん。出掛けに人が来て、慌てて飛び出したものだから、ケータイを忘れちゃって」

「そそっかしいんだから」

と、笑ってすませられるのである。

何に怒るかで〝その人〟がわかる

近頃はあまり耳にしないが、「金持ち喧嘩せず」という言葉がある。

あるとき乗ったタクシーの運転士が、次のような話をしてくれた。たまたま交通事故の現場に居合わせて、事故のあとのやりとりを目撃した。ぶつけられたクルマに乗っていた人は、自動車会社の役員だったそうで、

「その人が実に穏やかなものの言い方の人でしてね。金持ち喧嘩せず、とはよく言ったものだと、感心しました」

喧嘩をしない理由が、そのほうがトクだとの打算からくるのか、金持ちの余裕からくるものか、おそらく両方から「喧嘩せず」なのだろう。とはいえ、つねに冷静で、決して怒りをあらわにしない人も、人間味が感じられない。ここぞというときは、損得抜きに本気で怒る人のほうが、血の通った人間味のある人のように思えてならない。

明らかに間違っている、理不尽であると判断したら、ここ一番、勇気をもって、怒りの言葉を発する人。身勝手なことで怒り出したり、計算が働いて怒りを抑えたりするのと比べたら、怒るべきときに怒るのは、人間にとって大切なことである。

何に対して怒るかで、その人の力量が問われてくるのである。

●「威張る」「強がる」が過ぎると品位が下がる

強がっても品格は高まらない

なぜ威張るかといえば、実力がないからである。本当に力がある人は、威張る必要がないし、決して威張らない。

レストランなどで、店の従業員に横柄な口の利き方をする女性を見かける。着飾って、顔もきれいに化粧しているのに、威張った口の利き方をする。一緒にいる男性が気の毒になってくる。

空港のカウンターで、男性客が、

「このチケットを一便早いのと取り替えてもらいたい」

と、申し込んでいる。その言い方が命令口調で、威張りくさっていたので、応対した係りの人も不快だったのか、

「申し訳ありませんが、変更はきかないんです」

「それはそっちの都合だろう。こっちは急いでいるんだ。至急、替えなさい」

四十代の男性客の威張った言い方に、同伴の女性がたまりかねて、

「ごめんなさい。無理ならいいんですよ」

するど男性は、

「キミは黙っていなさい」

女性は〝あきれた〟という顔をして引き下がった。異性の前でいい格好をしてみせたい気持ちは誰にもあるだろうが、強がって威張ってみせれば逆に評価を落とし、ついでに品位も下がってしまう。威張る人は強がってみせても、本当は気が小さい人間なのである。

「私、馬鹿じゃないからね」

これが口癖の女性がいる。彼女は「馬鹿じゃないからね」と、わざわざ断ることによって、馬鹿に思われることを恐れている自分を表現してしまっている。正直な人かもしれないが、言わずもがなのセリフである。

「ありがとう」が持つ大きな力

かつて、こんな話を聞いたことがある。

Oさんは、奥さんと高校生の男の子の三人連れで、レストランに夕食を食べに行った。席に着き、メニューに目を通し、料理を注文し、やがて頼んだ食事が運ばれてきた。

「ありがとう」

Oさんは、にこやかな笑顔とともに、ウエイトレスに礼を言った。

食事をしながら、高校生の息子が、

「ボクたちお客なのに、お父さん、どうしてさっき、『ありがとう』なんて言ったの」

と聞いた。Oさんは食事の手を休めてこう答えた。

「ボクたち家族のために、美味しい料理を運んできてくれたから、感謝して、『ありがとう』と言ったんだよ」

息子は「ふーん」と答えたが、十分には納得していないようだった。食事を終えてレストランを出て、タクシーで家に向かった。途中で、奥さんが、

「いけない、私、帽子を忘れちゃったわ」

運転士さんに頼んで、レストランに戻ってもらうと、息子が「ボク、行ってくる」と、車から飛び出してレストランに走っていった。間もなくニコニコしながら戻ってくると、

「感じのいいお店だね。ボクが行ったら、先ほどの方ですね。はい、お預かりしてあり

ますって、すぐ帽子を渡してくれたよ。僕が『ありがとう』と言う前に、お店の人から『ありがとうございます』って言われちゃった」

威張るのでなく、「ありがとう」。この一言が、お互いの間に気持ちのいい関係を作り上げていく。品位はこんなふうにして身についていくものだろう。

同じ目線で話せる人は品がよい

「タテ社会」では、人を見ると、瞬時に自分より上か下かを見分け、それによって、話し方、ものの言い方を変える。自分より下の相手には、威張った、偉そうな言い方をする。相手が上とわかると、下手《したて》に出てへつらったりする。

最近は、職場から年功序列制度が姿を消し、成果主義が拡がりつつある。その結果、年上の部下、年下の上司が珍しくなくなった。そのため下に威張り、上にへつらうという単純な使い分けが通用しにくくなっている。

立場は上でも、部下と同じ目線で話し合い、年齢が上でも、相手と肩を並べて水平のコミュニケーションがとれるようでありたい。いつまでも上下を意識して、偉そうなものの言い方をするのは見苦しい。具体的には、

●人を呼びつけるのではなく、自分から相手のもとに行く
●自分の考えを押しつけずに、まず相手の話に耳を傾ける
●気難しい顔をやめて、にこやかな明るい表情で人と接する

などを心がけ、実行しよう。

二〇〇七年を境に、団塊の世代が大量に職場から退いた。再就職した人もいるが、自由の身となり、家でブラブラしたり、たまに地域の集まりに顔を出したりする人もいる。自由の身となって、地域の集会に顔を出したりする者の中に、周囲にうまく溶け込めないで浮いてしまい、ストレスを抱え込む人が少なくないとの話を聞いた。

彼らは現役時代、上司として上からものを言う癖が身についてしまい、定年退職後も抜けきれず、地域の人たちの間でも威張ったものの言い方になってしまって、いやな顔をされて敬遠されてしまうようだ。

先にあげた三つの心得を実践してみたらどうだろう。

●〝落ち着きのない〟話し方は信用されない

上司の品格とは

上司になるということは、何らかの能力を認められた結果である。有能な人間だからこそ、上に立つことができたのである。

その上に、上司としての経験を積むことによって、仕事の能力に加えて、人間的にも成長して、信頼と尊敬を得られるようになる。やがて、話し方にも風格が感じられ、品格が滲み出てくる。

とはいえ、誰もがこのように成長していくとはかぎらない。上司としての経験の中には、

「突然、ピンチに立たされる」
「反抗的な部下に手をやかされる」
「幹部に過度な要求を強いられる」

などの、苦しい状況に立たされることも含まれる。このような状況に立たされた場合、

上司は二つのタイプに分かれる。

「落ち着きを失い」「焦ったり急いだりして」「ささいなことにも、すぐ怒り出す」など、急に力が半減して、自分を失ってしまうタイプと、逆境のときにかえって力を発揮して、「落ち着いて」「じっくり構え」、話し方にも焦りを感じさせないタイプ。前者のタイプとして、次のような例がある。

コンピュータの技術者としては優れた技術の持ち主で、周囲からも信頼されていた男性がチームリーダーに任命された。彼がリーダーになった直後、メンバー二名が退職して、おまけに仕事量が増えた。目が回るほどの忙しさの中で、新任リーダーは右往左往してなんら手が打てず、パニックになってしまったという。

一方、後者のタイプは、経験を積むことによって成長していき、上司にふさわしい品格を備えた話し方を身につける人である。そこで心がけるべきことは……。

●気取らないで、自分を正直に示す
●腹を据えて事にあたる
●慌てず、焦らず、問題解決に乗り出す

右の三つがあげられる。

私の後輩のK君は、「私から上司にしてくださいと頼んでなったわけではないから、いざとなったら、怖いものはありません」と言い切っていた。腹が据わるとは、こういうことだ。普段は穏やかだが、逆境では力を発揮する人物だった。

K君の話し方はコセコセせず、ゆったりとしていて品格が感じられた。

接客の心得に、

「ピークのときこそ、最高の笑顔で」

というのがある。

ピーク時は、目が回るほどの忙しさに、つい、笑顔が消え、代わりに「イライラ」が顔に出てしまう。だが、真価が問われるのはそんなときだ。笑顔を絶やさず客に接することができてこそ、本当のプロである。

上司も順調に事が運んでいるときは、どんな人でも落ち着いていられる。真価が問われるのは、逆風が吹き、苦しい状況にあるときだ。焦ったり慌てたりせずに、落ち着いて状況に立ち向かえる人は、品格の備わった人である。

●相手を困らせる〝ふてくされた〟話し方

くさる、すねる。その果てに「ふてくされる」あるいは「ふて寝」などする人もいる。誰でも肝心なときに失敗すれば、くさりたくもなる。気力が失《う》せて、何をするのも面倒になる。上司に叱られてくさった部下が、

「課長にはがっかりした」

「あんな言い方をされたら、やってられないよ」

などと相手のせいにして、ふてくされる。

そんな経験は誰でも一度や二度はしているだろうが、ここで問題なのは、二言目にはくさる人であり、その人の話し方である。

ところで、「すねる」とは、相手に対する不満が原因で、曲がった解釈をすることをいう。高じると、「ひねくれ者」と呼ばれる。すねる、くさる、いずれも相手を困らせる所作であり、ものの言い方であるから、品がない。

気づかないうちに相手を〝くさらせて〟いないか

人は相手に理想の姿を求める。期待する。そして、期待し過ぎた結果、「くさる」という心の状態を招く。くさる前に失望がある。期待がはずれて失望し、失望した結果、くさる。正確に言えば、そうなる。

「相手が勝手に期待したんだから、くさるほうがおかしい」

こんな言い方をする人がいる。それはちょっと冷たくはないだろうか。

仕事のできる上司で、なおかつ部下に対しても気軽に声をかけ、親しまれている課長がいた。部下は男女それぞれ四名ずつ、全員で八名だが、すべての部下との人間関係もうまくいっていた。

その年は天候不順で、風邪を引く者が多かった。部下たちも代わる代わる風邪にかかり、毎日のように誰かが欠勤した。

課長は咳《せき》をしている部下を気づかい、

「大丈夫か、無理するなよ。明日は休んだほうがよさそうだね」

と声をかけ、休んだ翌日に出勤してきた部下と顔が合うと、立ち上がって近寄り、

「もういいのか。今年の風邪はこじらせると長いというから、急いで出てこなくてもい

いんだよ」

などと、優しい言葉をかける。

声をかけてもらった女性の部下は、わざと、

「私など課の戦力として、必要ないと？」

すねてみせるが、もちろん本気ではなく、顔は笑っている。

「キミに休まれて困ると、みんな言ってるぞ」

課長のこの一言で、どっと笑いが起こる。

ところが、ひとりだけ笑いに加わらなかった部下がいることに、さすがの課長も気がつかなかった。その部下はひとり元気で、風邪をまったく寄せつけなかった。そのため、課長も彼女には、「気をつけろよ」「大丈夫かい」などと声をかけなかった。

翌朝のこと、彼女と顔を合わせた課長は、ふと思い出すように、

「そういえば、キミは風邪を引かないね」

すると彼女はこわばった顔をして、

「ええ、馬鹿は風邪を引かないといいますから」

普段、明るく素直な彼女から、突然、ひねくれた一言が返ってきたため、課長は戸惑

った。周囲も一瞬、凍りついた。

このケースは、できた上司のたまたまの油断が原因だが、そんなことでくさったり、すねたりするのは甘えにすぎないと、彼女を突き放すこともできる。

とはいえ、人はみな、自分に関心を寄せて欲しい、かまってもらいたいとの気持ちを抱いている。それが満たされないと、「くさる」「すねる」状態に、すぐにでも移行する。突き放してみても、問題は解決しないのである。この課長はそのことに気づいて、素直に詫びたという。

「どうせ」とすねる話し方は品を欠く

すねる人は、相手に対する不満が強くなり、ひねくれた話し方をしているのである。上司の自分に対する接し方、扱い方が気に入らない。納得できない。最初のうち、くさっていたが、やがてふてくされて、さらにすね始める。その結果、

「どうせ私の能力は低いですよ」

「どうせ私は嫌われ者ですから」

などと言って、すねてみせる。

「どうせ」という話し方は、そのあとに否定形をともなわせて、〈こうなったのは、あなたのせいだ〉と、暗に相手を非難しているのである。

「私が不満なのは、あなたのやり方に問題があるからです」

はっきりこう言えばいいところを、「どうせ」などとひねくれて、こちらを困らせる。

困らせて、仕返しをしているつもりだが、本当は甘えが原因なのである。

すねる人間の心には、愛情への飢《う》えがないだろうか。愛情の不足が、「もっと自分をかまって欲しい」「関心を寄せてもらいたい」との甘えになり、それを素直に表現できないで、「すねる」になってしまうのだ。

「どうせ」には期待と失望の匂いがする。そこへズルさが加わるから、品のなさが出てしまう。

人には期待しすぎないこと。愛情は求めるばかりでなく、注ぐものでもある。

これが「どうせ」を減らす処方箋でもある。

●説明の仕方にも〝品の良し悪し〟がある

単なるお喋りと説明とでは、話す目的が異なる。目的の違いを意識している人が案外少ないために、説明のときまで、お喋りの要領で思いつくまま喋る結果、まとまりのない話になってしまうのだ。

人に説明することを、「話せばわかる」と、さも簡単なことのように考えていないだろうか。説明の難しさを認識した上で、饒舌《じょうぜつ》になるのを避けるのが課題である。

説明は相手のためにするもの

自分だけ承知して、相手には何のことかわからない説明に出くわすことがなんと多いことか。

「あなたとこうして一緒にいると、辛いものがあるのよね」

前後の脈絡もなしに、いきなりこう言われた男性は、戸惑って、

「え、なんのこと」

「いいの、別に」

「そう言われても」

二人の間に、妙なわだかまりが残ったが、女性は男性に向かってさらに、

「わからないのよ、ね。あなたには」

わからないあなたが悪い、とでも言いたげな表情を見せる。

わかって欲しいと思うなら、相手にわかるように話さなくてはならない。わからないのは、自分の話し方に問題があるのだ。

説明不足にも困るが、反対に、事細かに説明されるのも、入力情報が多すぎて処理しきれず、これまた困った状態に陥る。

詳しい説明、イコール、わかりやすい説明と勘違いしていないだろうか。聞く人が細部にとらわれて、大筋を見失わないように、要所を押さえた最小限度の説明にとどめるべきである。詳しすぎる説明は、親切や善意の押し売りからくる。おまけに本人はそれに気づいていない。

説明は誰のためかといえば、相手のためである。自分のためにするのではない。

すべてを話すのは逆効果である

上司から、

「お前は十知っていれば、十全部喋ってしまう。十のうちのひとつだけ話したほうが、よくわかるという場合だってあるんだよ」

こう言われている部下がいる。何度も言われているのに、知っていること一切を喋ってしまう癖が直らない。

相手の知りたがっていること、相手がわかっていないところ、そこに的を絞って説明すればいいのに、全部をわかってもらおうと、あれもこれもと喋るのは、身勝手な、したがって相手に迷惑な説明である。

『戦争と平和』などで知られるロシアの文豪、レフ・トルストイは、十六歳年下の若い娘と結婚した。彼は自分と彼女の間に秘密があってはならないと考え、若いときの悪《あく》行《ぎょう》をすべて綴った日記を、十八歳の結婚相手である彼女に手渡し、読ませた。

トルストイにしてみれば、そうしなければ気がすまなかったのかもしれないが、若い彼女には耐えがたいことだったろう。二人は結婚したが、その関係は一生ギクシャクしたものだった。

一切を説明することは、相手にとって残酷な場合もあり得るのだ。

ほどよさが説明の品位を保つ

説明とは文字どおり、説いて明らかにすることである。

新しい製品、サービス、制度などが次々に登場するいまの時代、どんな仕事にも説明する能力は不可欠になってきた。

にもかかわらず、日本人には説明に対する〝ためらい〟が残っている。何もかも明らかにすることに、テレや恥じらいを感じるのだ。

自分の思いにしても、口に出すのは、はしたない。たとえ言葉に出して明らかにするにしても、できるだけ控え目に。それが品のよさでもあり、〝秘すれば花〟にも通じる、日本人の美意識である。

くどくどとした説明を嫌う原因がここにある。簡にして要を得た、相手にわかる最小限度の説明、それが説明の品位を保つコツになる。

●「意見を言う人」「言わない人」の品格の違い

人の意見を遮《さえぎ》ってまでも自説を言い立てるのはやりすぎで、結果として、人間関係を悪くする。とはいえ、意見があるのに黙っているのは、人間として情けない。言うべきときにきちんと意見を言える人の話し方には気品がある。

意見を言わない人の心理

聞かれたことに意見を言わないのはなぜだろう。単純に考えれば、次の二つのことが言える。

●意見がない
●意見はあるが、何らかの理由で言わない

前者は問題意識の不足である。話すのが苦手という人の中に、「話すことがない」「話題が見つからない」といった悩みを持つ人がいるようだが、これも問題意識が足りないのが原因だ。何かを変えたい、よくしたいとの課題を心の内に秘めている状態を問題意識と呼ぶ。

後者では、意見を言わない理由が何であるかが問題になる。

かつて、次のような話を聞いたことがある。

ある大学の教室で、授業中に起きた出来事である。

担当の教師は外国人だったが、彼は講義をしながら、〈部屋が暑いので、窓を開けてはどうだろうか〉と思った。そこで、窓の近くにいた女子学生に、

「May I open the window?」

と、問いかけたところ、彼女は黙ったまま答えなかった。再度質問してみると、

「私に聞かれても困ります」

こんな答えが返ってきた。外国人の教師はびっくりした。

「なぜ、困るんですか」

「だって、ほかの人がどう思うか、私にはわかりませんから」

だからほかの学生に聞いてください、ということのようだった。自分が聞かれたのだから、ほかの学生がどう思おうと、自分の意見を言えばいいのにと、外国人の教師は首をかしげざるを得なかった。

右のエピソードに語られているのは、周囲を気にして自分の意見を言わない日本人の態度である。すなわち、意見があっても言わない理由として、「周囲の目を気にする」があげられる。

意見などうっかり述べて、

〈なんだい、自分だけ目立ちたいのか〉

〈自分だけ、評価されたいんだ〉

などと、周囲から「嫌われたり」「疎《うと》まれたり」して、自分独り浮いてしまうのを恐れる心理が働く。この心理は、仲間はずれを恐れる、いまの若い人たちにとりわけ強い。その結果、研修の場などで見られる彼らの態度は、次のような特徴を持つことになる。

●自分から質問しない

●質問されても答えない
●無表情のまま沈黙を守る

これでは、コミュニケーションの場は冷え込んでしまう。自ら突破口を開こうとしない姿からは、若さが感じられない

意識しすぎるとプレッシャーになって、かえって言いづらくなる。普段から、気軽にものを言う習慣をつけておくことだろう。

「意見を言わない理由」を相手のせいにする

意見を言わないのではなく、言えないのだとして、その理由を他人や周囲の雰囲気のせいにしてしまう。

「部長の前では言えないよな。一言言うだけで、頭からやっつけられるもんね」

と、相手を巻き込んで、言わない理由の正当化を図るのである。

確かに怖い部長がいたり、コンサバティブな職場の雰囲気の中では、言いにくいのもわかる。とはいえ、意見を言いにくくしている原因の半分は、自分が作り出しているの

も確かである。「言えないよね」「無理なのよね」と、互いにかばいあい、言えない雰囲気を増幅させているからである。

リスク覚悟で発言する人には品がある

意見を言って〝睨《にら》まれる〟かどうかは、発言した結果、判明することだ。「お前に何がわかる」と、一喝される危険もある。「発想は面白い」と、頷《うなず》く相手もいるかもしれない。

話はしてみないとわからないのだ。何らかのリスクは当然ともなうことを承知の上で、あえて発言を試みるところに、意見を言う意味と価値がある。いつも安全地帯にとどまっていたら、リスクもリターンも生じない。

思い切って発言することで、自分の意見の不備や話し方の問題点が発見できる。それを次回の発言に生かせば、それだけ話し方に工夫が加わって、前に進むことができる。このような過程を経る中から、話し方にその人らしい品格が滲み出てくるのである。

用心して自分の中に閉じこもっていたり、「言えないよね」とあきらめている間は、話す力は向上しないのだ。

●「よいしょ」をするときのこんな〝さじ加減〟

「ほめる」「おだてる」「よいしょする」など、似かよった言葉が並ぶが、「よいしょ」はもっともわかりやすく、愛嬌があって、憎めないものである。「よいしょ」と持ち上げて、人をいい気分にさせようというのだから、面倒もなく、手っ取り早い。

だが、人の長所をしっかり見抜いて指摘する「ほめる」と比べると、口先だけで相手をいい気分にさせるという、いい加減さは否めない。「よいしょ」を乱用すれば、話し手の品格を疑われる。

「よいしょ」に目くじら立てるのは大人気ない

「よいしょ」されれば、誰でも嬉しい。いい気分になれる。世の中に「よいしょ」「おだて」の類はあとを絶たない。たとえば、部下は上司を、

●「すごいですね。やっぱり部長でないとできませんね」

●「素敵だわ。私、感動しちゃいました」
●「どうすればあんなふうにうまくいくのか、教えてください」

などと、「よいしょ」する。いかにも感心、感動したといわんばかりの「よいしょ」なので、上司も思わず、乗せられてしまう。一方、上司もうまいことを言って、部下を持ち上げる。

●「えらいね。よくあそこで我慢したね。大したものだ」
●「キミにかかると、故障したコンピュータも、すぐに復活しちゃうなあ。魔術師だね」
●「ウチの課は皆さんで持っているようなものです。本当に頼りになるわ」

歯の浮くような言葉でも、いかにも実感を込めて口にすれば、真実味を帯びることもある。特に、女性の上司の中には、嫌味なく部下を「よいしょ」できる人がいて、モチベーションを高めるのに役立っている。

ただし、「よいしょ」には、抵抗を感じる人たちも少なくない。第一は、話す側の人。「よいしょ」にともなうテレが邪魔をして、うまく言えない。ある部下は、

「課長、ネクタイが素敵ですね」

と言おうとして、口ごもり、

「ネクタイが曲がっていますす」

などと言って気まずい思いをし、以後、「よいしょ」が言えなくなった。

第二は、臆面もなく「よいしょ」する人たちへの、周囲からの嫉妬である。嫉妬は危険な感情である。嫉妬心から発する言葉は、他人を害し、話の品格をも害する。

「よいしょ」する人に対して、「けしからん」「汚いやり方だ」などと目くじらを立てるのは、嫉妬心がそうさせる。

「よく恥ずかしくないものだ」

「あんな真似は、私にはできない」

こんな言葉を口にする人は、自分を低めていることに気づくべきである。

〈よいしょして、人が気持ちよくなるのなら、それはそれでいいじゃないか〉

と、受け入れられれば、自分もラクになるのだから。

ちなみに、アメリカの第五代大統領、ジェームス・モンローにこんな言葉がある。
「取るに足りないお世辞でも、気が滅入っている人間にとっては支えになるものだ」

「よいしょ」にすぐ乗ってしまう人

「よいしょ」は人を喜ばせるだけとはかぎらない。それによって自分が得をしようとする「よいしょ」は、下心を見抜けないと、手もなくだまされることになる。「とり入る」「だます」「誘惑する」など策略的な意図を隠し持つ者の「よいしょ」には、その気になった振りをするくらいの賢さが欲しい。

人は「よいしょ」にともなう下心を見抜く力を持ち合わせている。だが、その力は人によって開きがあり、「真《ま》に受けて躍らされる者」「冷静に聞き流す人」と、さまざまである。見抜く力の弱い人はどんな人かというと……。

- ●「よいしょ」され慣れていない人
- ●自分は偉いと思い込んでいる人
- ●モテないと悩んでいる人

●落ち込んでいる人
●美人でも不美人でもない、中間の女性

下心丸見えの「よいしょ」は下品

度重なる「よいしょ」、下心丸見えの「よいしょ」は、相手を不快にし、その人の品位も落ちる。

集まりがあると、キーパーソンや話題の人に擦《す》り寄って、大げさに「よいしょ」する者もいる。される側はうんざりするだけで、効き目はない。「よいしょ」した人間も、〝お里が知れる〟と、品位を疑われる。むしろ、

「初めてお目にかかります。○○と申します」

と、臆せずに自己紹介するほうが好感を持たれる。

下に威張る人は、上に「よいしょ」し、へいこらする。上にとり入るための「よいしょ」だとすぐにわかる。力ある上司は、「よいしょ」ばかりする部下は信用しない。

下にも上にも、丁寧にきちんとものが言える人の話し方には品格がある。

●「責任の自覚」は品格ある話し方の原点

自分の置かれた立場において、周囲から期待されている行動様式のことを「役割」という。責任とは、その役割を果たすことである。問題は責任の自覚、すなわち自分のやるべきことが何であるかを、どこまで認識しているかである。

自立は「責任の自覚」から始まる

四月、新人研修を担当したときのことである。控え室から教室に向かって歩いていくと、教室のドアの前で、新人たちが立ち話をしているではないか。なぜ教室の中に入らないのだろうと不審に思って、

「どうしたの、こんなところで何をしているの」

彼らの答えは、

「教室に鍵がかかっていて、ドアが開かないんです」

「で、何もしないで、立ち話をしていたというわけ？」

新人たちは、社会人としてのやるべきことがわかっていない。したがって、やるべきことの自覚――責任の自覚――に欠けている。

「鍵がかかっていたら、すぐに事務室に飛んでいって状況を知らせ、鍵を借りてきてドアを開ける。それが、いまキミたちのやるべきことだ。そう思わないかい」

彼らは顔を見合わせ、やがて頷いた。

自分にかかわりのある、目の前の問題状況は、自らが解決するための努力と工夫をする。それが社会人の役割であり、責任である。学生時代は、他人がやってくれ、面倒を見てくれていたのである。そうした大人への依存から、一人前の人間として自立していく上で、社会人としての役割の自覚は不可欠なのである。

この点への意識の切り換えが不十分だったために、鍵のかかった教室の前で、誰かがやってくれるだろうと、自分たちは何もしなかったのである。まだ、学生気分が抜けていなかった、とも言える。

新人にかぎらず、先輩、上司といった大人たちの中にも、役割と責任の自覚が足りない者が増えている。やるべきことをやらない上に、責任をとろうともしない風潮が蔓延しているようでは、社会人としての品格を疑われても仕方あるまい。

「言い逃れ」は自分を守ってくれない

自分の責任範囲の中で、事故やトラブルが発生する。責任を負うのは当然である。事態の収拾に努めなければならない。

ところが、呼び出しを受けて、「どうなっているんだ」と咎《とが》められると、言い逃れに走る人がいる。自分は悪くない、悪いのは○○であるなどと、責任を他に転嫁して、言い逃れ、言い訳に努めるのである。

責任逃れの言葉として、よく使われるのは、

「だって、仕方がなかったんだ」
「ちゃんと注意しておいたのに、彼が聞いていなかったんですよ」
「誰かがやってくれると思ったから」
「でもね、私ひとりで、何もかもできませんよ」
「私には関係ありません、知りません」

「そんな話は聞いてません」

上司の中には、部下に対して、強引に「覚えていない」で押し切ってしまう人もいる。

また、ある上司は、都合の悪いことが起きると、大きな声で、

「そんな話は聞いとらんのや」

と、とぼけてしまうのだそうだが、これが口癖だというから、自ずと品位も下がろうというものだ。

「だって、仕方がなかったんだ」

この言葉は、いろいろなバリエーションで使われる。

たとえば、休日、若い夫婦が幼児を連れて、デパートに買い物に行った帰り。母親がちょっと目を離した隙に、幼児は走り出し、小さな窪地で足をとられ、転んで怪我をした。駐車場から戻ってきた夫が、

「お前がついていながら、いったいどうしたんだ。ダメじゃないか」

妻を責める。このとき、妻の口から出るのが、

「だって、仕方がなかったんだもの」

責任逃れのコトバ

1	だって仕方がない
2	そう言われても
3	自分には関係ない
4	現場から何も知らせがなかった
5	どうでもいいじゃないか
6	誰かがやってくれるだろう
7	そんな話は聞いとらんのや
8	覚えてない
9	でもね、いろいろね
……など	

である。荷物を持ち替えようと、手を離した瞬間、走り出したのだから、「どうしようもなかった」と、言いたかったのだ。とはいえ、荷物を持ち替えるとき、彼女は右手に新しくできた素敵な建物に見とれてもいたのだった。

「仕方がなかった」「私は悪くなかった」と言い逃れることで、自分を守ろうとしても、それは決して、自分を守ってくれないのだ。潔く、

「ごめんなさい。よそ見していた私が悪かったんです」

このように言える人を、相手は信用するからだ。

心に響く一言

「責任は私が持つ。思い切ってやれ」

部下の提案にオーケーを出すとき、こう言える人は意外に少ない。

「オーケーはするが、失敗したら、オレは知らんからな」

こんな話し方をする上司もいないではない。お互い、わが身が可愛い。だからこそ、「責任はオレが取る」の一言は、相手の心に響くのだ。この一言には、部下への信頼がこめられているが故に、信頼に応えようと、部下のやる気も高まるのである。

●品格ある話し方に求められる「三つの礼儀」

「礼を重んじる」——これは人間社会における基本の態度である。

「礼儀を知らない」——これこそ、人間としてもっとも恥ずべき姿である。目的のために手段を選ばず、自分の利益を最優先させる。これでは礼は軽んじられ、しばしば無視される。


礼が先。礼儀を重んじながら、お互いが利益を得ていく社会でなければ、人の心は歪《ゆが》んでしまう。品格も地に落ちる。


礼は、相手に敬意を抱いて接するところからスタートする。

〈敬意なんて、持てる相手はいませんよ〉

そうかもしれないが、こうも言える。

「相手を尊重することで、自分もまた、尊重される」

自分が先に敬意を示す。これに徹すれば、相手からも敬意が返ってくる。すなわち、礼儀を重んじれば、双方によい関係が生まれるのである。

礼を重んじ、実践する人の話し方には、品格が備わっているように感じられる。では、話し方に求められる礼儀とは何か。

言ったことに責任を持つ

いまの世の中、言葉があふれている。情報交換のためのツールも豊富で、便利である。それだけに、言葉が中身も実行もともなわない、いい加減なものだったら、人々の被《こうむ》る被害はきわめて大である。

言葉の使い手、情報の発信者は、自分の発する言葉に責任を持つべきである。一見、巧みに発せられた言葉、もっともらしく聞こえる情報ほど、中身をともなっていなかったりする。

話し方に求められる礼儀として、第一に、「有言実行」をあげなくてはならない。

いくら上手に喋ってみても、言葉だけで実行がともなわなければ、中身のからっぽな、いわば空手形でしかなく、これでは、「あの人は口ばかりだ」「口がうまくても、信用できない」と警戒され、敬遠されて、品格どころの話ではない。

有言実行とは、口にしたことは実行すること。そのためには、心にもないことは言わないようにしなくてはならない。

「言うだけなら、何でも言える」

口でなら、どんな立派なことでも言える。愛していなくても、「愛してる」と言うことはできる。話し方の礼儀が問われるのは、言ったことを実行して示すかどうかという点である。

人間の社会は約束で成り立っている。口約束が実行されない恐れがある場合、書面で対応する。こうした現実があるからこそ、有言実行する人の価値は高い。

虚言が飛び交う社会は、争い事が尽きない。二十一世紀の今日、なお争いが続くのは、有言実行の礼儀を守らない人間や国家が多いからである。

「口の軽い人」と「口の堅い人」

小耳に挟んだちょっとした話でも、〈これは自分の胸にしまっておくべきだ〉と判断したら、他人に喋らないこと。言葉を有し、話をする者にとって、これも守るべき礼儀のひとつにあげておきたい。他言の影響が及ぶ範囲は意外に広いことについて、考えてみよう。

たとえば、AさんがBさんから、こんな話を耳にする。

「C専務のことだけど、知ってるかい」

「え、何のこと？」

「近々、やめるらしいよ」

「そりゃあまた、どうして？」

「ヘッドハンティングって奴だよ。実力派の専務のことだ。大手から誘いの手が伸びてもおかしくないさ」

「でも、簡単に応じるだろうか」

「話は大分進んでいるようだよ」

さて、Aさん、どうするか。

C専務がまさか、という思いが強く、誰かに話して確かめたくなる。仮に同期のDに他言したとする。Dが口の軽い人間だと、たちまち話は方々に飛び火して、専務のCさんに大変な迷惑を及ぼすことになりかねない。

聞いた話を人に喋りたくなる誘惑は相当なもので、つい、ポロリと口に出してしまい、さらに加工までする人がいる。次の例ではどうか。

現場から戻ってきた後輩が先輩に、

「主任のCさんが、そんな話、聞いてないって、怒っていましたよ」

先輩はムッとして、

「馬鹿を言うな。オレはちゃんとCに電話で伝えたよ。どうかしてるぞ、まったく」

実は、Cさんは後輩にこう言ったのだ。

「今度、そんなふうに手順を変えたのかい」

この一言を「聞いていない」と言い換え、「怒っていた」と加工したとなると、後輩は先輩とCさんを故意に対立させたと疑われても仕方がない。

「ウチの先輩からお伝えしてあると思いますが」

「そういえば、確か電話をもらった覚えがあるな」

「Cさんも忙しいんですね」

「すまん、すまん、お宅の先輩によろしく言っといてよ」

こんなやりとりをして、「よろしくとのことでした」と伝えれば、問題は何も起こらない。

「口が堅い」と「口が軽い」の開きは、思った以上に大きいのである。口が堅い人は、「彼は大丈夫だ」「あの人に話しておこう」と、大事な情報が集まる。口の軽い人は、「あいつはすぐ喋るから」と信用されなくなる。

相手の気持ちになって話す

この礼儀を実行するのが難しいのは、イライラして気持ちに余裕がないときだ。気持ちに余裕があって、心が安定していれば、相手の気持ちを考えて話そうという気になれるが、いら立っていると、それどころではない。


部下がゴホン、ゴホンと咳をしている。それを見て、上司が近づいて声をかけた。

「どうした、風邪引いたのか」

ぶっきらぼうに、部下は答える。

「風邪引いちゃ、いけないんですか」

この言い方に、上司はどう反応するか。部下に腹を立て、

「なんだ、その言い方は。人が心配して言っているのに、大体、お前、態度悪いぞ」

などと言いそうになる。

礼儀が力を発揮するのは、こんなときだ。気持ちを落ち着けて、深呼吸でもしながら、相手の気持ちを考えてみる。部下が突っかかるような言い方をするのには、何らかの事情があると考えられる。そこで、こんな言い方をする。

「どうしたい、馬鹿に機嫌が悪いじゃないか」

自分でも少し言い過ぎたと思っていた部下も、この一言で「すみません」が言いやすくなるだろう。相手の一言を、自分が攻撃されたかのように受け取るのは、自分にとらわれている姿である。この姿からは、相手の気持ちを考える余裕は生まれない。

余裕とは、心の中に他の可能性を考える余地を持てる、ということだ。その余地はとっさに持てるものではない。日頃の教養がものをいう。

ここで教養とは趣味の豊富さ、幅広い知識、学問に通じていることではない。人の心に通じていることを指す。普段から、人に対する興味、関心を深め、生身の人間との触れ合いを通して、人の心を知るように努める。やがて、教養がものをいって、厄介な状況のもとでも、人の気持ちを考えて話すことができるようになる。

●「話し方の品格」はどこから生まれるのか

目に見えないものが、目に見えるものを支えている。

「品がいい」「品がない」「柄《がら》が悪い」など、日常よく口にする言葉だが、その人のどこがどう品がいいのかとなると、目に見える部分と、見えない部分とがある。

「態度、物腰に、どことなく品がある」

「言葉のはしばしに、品のよさが滲み出ている」

言うに言われない、雰囲気、感じ……。それらはいったい、その人のどこから出てくるのか。

育ちのよさが品位を支える

二言目には、「私って、品がいいでしょう」などと言う人がいたとしたら、その品位も〝お里が知れる〟というものだ。

金持ちの家に生まれ、社長の息子だからといって、品がいいとはかぎらない。そうした人たちが、気取って上品な言葉を使ったところで、品がよくなるというものでもあるまい。

とはいえ、家柄、家族、親兄弟などに恵まれ、両親に大事にされ、兄弟喧嘩もしたが、仲良く育ったという人たちの中に、どことなくだが、品のよさを感じさせる人物がいる。本人は意識しているわけではないが、接する人は感じ取るのだ。

ある同族会社で、社長の息子が企画部長を務めていた。周囲の人たちは社長の息子に対して、お世辞、おべっかを使い、同時に気兼ね、遠慮もしていた。当の社長の息子は、自分が特別に扱われるのを嫌っていた。それがわかっていても、周りの社員たちは遠慮がちで、ざっくばらんな態度で接することはできないのだった。

ところが、ここにひとりだけ例外がいた。

三十になったばかりのFさんは、年齢が社長の息子と同じということもあったのかもしれない。身構えたところがなく、いたって自然に社長の息子と接し、特別遠慮もしなかった。仕事の上で、意見があればきちんと言うし、社長の息子の提案でも、問題があれば、力まずに、普段の口調で、

「その案には、問題があると思います」

と、反論を述べる。口調が穏やかなので、言われるほうも身構えずに聞ける。

飲み会では、社長の息子をさん付けで呼び、いっそうざっくばらんに接した。

「人生はマッチ箱に似ている。大げさに扱うのは馬鹿げているが、油断すると危険だ。これ、私の好きな言葉なんです」

と、Fさん。

「面白い言葉だね。Fさんの生き方に似ていないかな」

「私が社会人になったとき、父がプレゼントしてくれた芥川龍之介の言葉です」

「懐かしいなあ。学生時代、芥川龍之介の作品はよく読んだなあ」

社長の息子は、自分を特別扱いしないFさんに、好意を持った。

周囲の者も、Fさんには一目置いていた。

「彼って、不思議な男だな。言いたいことを言っているのに、言い方が穏やかだから、嫌味がないんだよな」

「ゆったりしていて、なんとなく品がある。なかなかだよ、あの人は」

七年たったいま、社長の息子は専務。Fさんは取締役営業部長。二人はいまも威張らず、へつらわず、お互い相手を尊重して、仕事の上でもいい結果を出している。

Fさんの育った家庭は、金持ちでも上流家庭でもない。中流の平凡な家庭。当たり前のことを当たり前に行ない、お互いが相手を尊重し、そうした中で大事に育てられた人には、「育ちのよさ」が感じられ、それが「品のよさ」につながる。

〝からかい〟をかわせる女性の品位

「プライド」は「誇り」とも解され、自分に対して、仕事に対して「プライド」を持てと言われながら、人は育っていく。一般にプライドは、人が持つべき望ましい態度として解釈されている。だが、プライドには、

●本物のプライド――本書では「ホンプラ」と略して用いることがある
●間違ったプライド――自分は他人と違うんだと、気位のみ高い態度

とがある。話し手の品格を支えているのは、本物のプライドである。

「私にだって、プライドがある」と突っ張って、人に頭が下げられないのは間違ったプライドであって、コミュニケーションの妨げになる。人に頭を下げても、卑屈にも尊大

にもならない自分を持てる姿が、本物のプライドである。

自分を肯定する心に支えられているのが「ホンプラ」である。だから、人にからかわれても、自分を失うことがない。


仕事をテキパキとこなし、判断も的確。万事にきちんとしている女性がいて、話し方も明るく爽やかで、感じがよい。

得意先の中年男性が、彼女のネックレスに目をつけて、

「お、高そうなネックレスじゃないの。いい人に買ってもらったんだろう」

とからかい、品のない笑いを浮かべても、「いいえ」と笑顔で返して、

「ボーナスで買わせていただきました」

と、さらっとかわす。

からかった相手を蔑《さげす》むわけでもなく、明るく言い返せるのは、彼女の本物のプライドの持つ力がそうさせる。

育ちのよさとは、自己肯定感を育む環境に恵まれたということである。

第2章

「品位」を落とすこんな話し方

▼「話し手」が知らないうちに陥る落とし穴

話に品があるかどうかを、一言で説明するのは難しい。

決して他人の悪口を言わない人は、おおむね品がよい。とはいえ、悪口は言うものの、品を保っている人もいる。問題は、言う言わないではなく、どんな気持ちがこめられているかではないだろうか。

「オレはあいつを見損なった。もう一歩というところまで話をもっていきながら、手を引くなんて、まったく信じられないよ」

「彼にしてみれば、あれが精一杯だったんじゃないか」

「いや、あいつはもっと力のある奴だ。少なくとも、オレはそう思っていた。ここ一番、勝負をかければいいのに、引いちゃったんだ」

「事情があったんだろう」

「いや、情けない奴だ、ダメな奴だ」

見損なったと「あいつ」をこきおろしている彼の悪口には、「あいつ」への強い思いがあるから、決して品を欠いてはいない。つまりは、「愛のある悪口」は、品位さえ感じさせる場合がある。

表面上は相手をかばっているようで、内心、〈いい気味だ〉と、ほくそ笑んでいるとしたら、うまく隠しているようでも、胸の内は表現の端々《はしばし》にあらわれる。

「彼だって、一生懸命だったと思うよ。よくあそこまでやったよ」

いくら言葉でかばっても、本心からそう思っていない人の話には品格がない。

一方、思いさえあればよいかとなると、そうもいかないのがコミュニケーション。クライアントのニーズを考えれば、部下の提出した案では通るわけがない。

「ダメだ。これじゃ、話にもならない」

マイナスを拡大して、厳しく言い渡す。だが、部下のことを考えれば、言い方にはもっと工夫がいる。

「よくまとまっているし、資料も整っている。ただ、クライアントのニーズに応える点で、この案はまだ甘いと思う。相手が何を求めているか、相手の立場に立って、もう一度、考えてみて欲しい」

自分の思い、表現の意図、それを達成していくための「相手思考」。これらがさり気なくこめられた話を、品が備わった話し方と呼びたい。当然のことながら、このような話し方のできる人は歓迎される。

●「ありがとう」を言わない人、言えない人

「ありがとう」を言わないのは無礼

上司、先輩の中に、仕事を平気で頼み、やってもらっても、「ありがとう」ひとつ言わない人がいる。仕事が遅れたり、失敗したりすると、相手に、

「いったい、なにやってるんだ」

「どうしてくれるんだ。こんなミスして!」

などと、怒声を浴びせる。仕事を頼むのも当然、言われたとおりにするのも当然。

「キミのお蔭で助かった」

「ありがとう、感謝しているよ」

こんな言葉は、どこをたたいても出てこない。相手は自分の思いどおりに動くのが当たり前と信じ込んでいるタイプである。相手が思いどおりにならないと、すぐ怒り出す人でもある。

もともと傲慢な人柄に加え、地位が高くなったり、名声を博したりなどして、感謝す

る心を失ってしまったのである。

これほど極端でなくても、気難しい性格であったり、甘やかされて育ったために、「ありがとう」が言えない人もいる。

人に何かしてもらったら、礼を言うのは当然である。言わないのは無礼である。

馴れや周囲の影響で感謝の気持ちが薄らぐ

「ありがとう」を言わないのは、言わなくて当たり前と考えるからである。最初はありがたいと感じて感謝の気持ちを抱いていたのが、周囲の影響や馴《な》れによって、感謝の気持ちが薄らいで、「言えない人」になってしまう例が多い。

上司、先輩にご馳走になり、当初は翌朝、

「昨日はご馳走さまでした。ありがとうございます」

きちんと、礼儀正しくお礼を言っていたのに、周りの人たちが、何も言わないのを見て、やがて、おごってもらうのが当たり前と勘違いして、礼を言わなくなってしまう。

出張の多い夫が、その都度土産《みやげ》を買ってきてくれる。だんだん馴れてきた妻は、ありがた味がわからなくなって、「ありがとう」の一言もなく、夫をがっかりさせる。

「ありがとう」を言わない人は、嫌われる。次第に、人間が厚かましくなるからだろう。

●周囲の人たちがどうであれ、人の厚意に感謝する心を持ち続ける。

●感謝の気持ちは持っていても、テレくさくて、「ありがとう」が言えない人もいる。テレは自らへの甘えであって、甘えが許されるかどうかの見きわめがいる。見知らぬ人に席を譲られて、テレくさくて「ありがとう」が言えないのは、許される範囲を越えている。周囲からは無礼な人としか見えないからである。

●叱られた翌朝、「ありがとうございます」と言える人になりたい。叱るのは期待があるからである。嬉しく、ありがたい話である。

●訪問先で、お茶をいただいた。最初のうちは丁寧に「ありがとうございます」と言っていたのに、何回も訪問し、馴れてくると、「どうも」だけですませる人が少なくない。相手が女性だと変に馴れ馴れしい口の利き方になる男性は品がない。

心を込めて「ありがとう」が言える人は、自分を持った人である。

●〝たった一言〟が状況をガラリと変える

いま、ここでのちょっとした一言

窓口の前に、人が行列を作って待っている。同じ行列でも、人気のラーメン屋の前に並ぶ人たちと、列車のチケットの購入や、役所での書類の交付で順番を待っている人たちとでは、雰囲気に違いがある。

前者には余裕があり、待っている人たちの間で、お喋りが交わされたりしているが、後者の行列は、イライラが渦巻いている。

いましも、

「早くしてくれよ」

「いつまで待たせるんだ！」

そんな声が、窓口にぶつけられそうな気配がある。

そのいら立ちを察知して、一言、

「お待たせして申しわけありません」

「順番にやっていますので、もうしばらくお待ちください」

人々に向かって、明るい、感じのよい声で言葉を発する人がいると、人々の心がなごんで、「窓口の人も大変だね」と、逆に、いたわりの言葉をかけられたりする。

一言あるかないかで、人々の交流に大きな変化が生まれる。

増えている〝対人知覚障害〟

場の空気が一言を求めている。それに気づかず、一言を口にしない人が多くなった。

道を歩いていて、若い女性がやってきたので、立ち止まって、道を譲った。彼女の口からは一言の礼もなかった。駅の階段を上から降りてくる人たちも、昇ってくる人にまったくの無頓着という人が少なくない。

そこに人がいることに気づかない。意識して無視するのでなく、気づきさえしない。

こういう人が増えるのは、恐ろしいことだ。狭い道を、対向車に先を譲って待っていても、「ありがとう」を知らせる何の合図もない。

一言の大事さに対して、敏感になろう。馴染《なじ》みの飲み屋に入っていくときの元気な一言を、生活のいろいろな場に拡げよう。

●相手を不快にさせる品のない〝口癖〟

口癖は誰にもある

会議の席などで、メンバーがちょっといい発言をすると、「出た」「出ました！」などと、大げさに叫ぶのが癖の上司がいた。ときには、

「ついに出ました。とっておきの意見が！」

などと、おどけて言う。場を盛り上げようとの気持ちから出る言葉かもしれないが、毎度繰り返されると、〈またか〉と、うんざりして、いやな顔をする人も出てくる。

とはいえ、多くの人は「単なる口癖」程度に受けとめている。中には、

「愛敬があっていいんじゃないかな」

と、好意的にとる人もいる。

人には、誰でも口癖、言葉癖がある。その口癖には、その人の心がかかわりを持つ。

よく耳にする口癖をあげると……。

●「はっきり言って」
しばしばこの言葉を口にする人がいる。特に「はっきり言って」と断る必要のないときにも、「はっきり言って」を口にする。心のどこかに、自分の発言に注目させたいという思いがあるようだ。

●「逆に言うと」
他人の意見を聞いたあとに、この言葉を前置きにするのが癖になっている。他人の意見に異を唱《とな》えたがったり、ひねった見方をするのが得意という人に、この口癖が多い。

●「早い話が」
なにもそう急ぐことはないのに、「早い話が」と言う人は、話をまとめたり、結論を言いたがっているのである。ちなみに、これは私の口癖でもある。

以上、例示した口癖は、気になっても、特にいやらしいほどではない。

品のない、いやらしい口癖

相槌《あいづち》の箇所（第4章）でも触れるが、「ごもっともで」が口癖の人がいて、これを言われると、不快になる。慇懃《いんぎん》無礼、表面丁重で、内心、こちらを見下している、無礼な口癖だからである。口では「ごもっとも」と言いつつ、内心では舌を出しているのでは、いかにも品のない姿である。

「しょうがない」を、何かにつけて言う人がいる。直したほうがいいと指摘すると、

「しょうがないんです、性格ですから」

「性格のせいにするのは問題だよ」と言えば、

「私、性格悪いですから」

などと開き直る。いずれも、自己正当化であって、品をなくす。

人を戸惑わせたり不快にさせたりする口癖は、改めるに越したことはない。ただ、自分でも気づかないで言ってしまうのが口癖の特徴でもあるから、普段、親しくしている人に、気づいたら注意してもらうことだ。

思い当たる、品のない口癖をいくつか紹介しておく。

●「どっちでもいい」

どうするかと意見を聞いたり、午前がいいか午後にするか選択して欲しいなどと質問

すると、「どっちでもいい」と答えるのが口癖の人。こちらが一生懸命に問いかけているのに、こう言われると、腹が立つものだ。なげやりのように響くからだろう。

●「当たり前だよ」

ある人を「よくやるね」「なかなかできないよ」とほめると、「当たり前だよ、あれくらい」

水を差すような一言。

「心を込めて、ありがとうございます、なんて言われると、嬉しくなるね」

「当たり前だよ、商売だもん」

やって当たり前、では嫌われる。

●「そういう問題じゃない」

都合の悪いことを言われると、この言葉を発して、相手を煙に巻く。何度も繰り返すうちに口癖になる。言われた相手は誤魔化された気がして、面白くない。

●「忙しい」を言い立てる人に品はない

忙しがる人は敬遠される

「気になる口癖」のひとつに、

「バタバタしていて」

がある。「バタバタする」は「慌ただしく走り回る様子」という意味だが、ここでは、「仕事に追われて忙しい」状態を指す。例えば、

「新しく開発プロジェクトを立ち上げることになりましてね。多方面からメンバーを集めなければならないんで、その手配に追われてバタバタしてますわ」

こんな具合に使われる。

「バタバタしている」のは、自分が仕事のできない人間だからではない。有能で多方面にわたって活躍しているが故に、あちこちでお呼びがかかって、バタバタしているのであって、この言葉を使う人間は、

「このところバタバタしてましてね。参りますよ」

などと言いながら、どことなく得意気である。その得意そうな様子が、人物としての底の浅さを感じさせてしまう。

忙しい人間＝有能な人物という思いが定着しているのか、忙しがる人は後を絶たない。

以前、ある職場に、

「忙しい、忙しい、死ぬ一歩手前だ」

と、毎日言っている人間がいた。周囲の者からは、〈だったら死んだらどうかね〉などと、囁《ささや》かれていたそうだ。

忙しいのは、有能な証明どころか、その逆である。

第一に、仕事を抱え込むタイプで、周りの人にまかせることができない。

第二に、なんでも自分でやらなければ気がすまないくせに、計画性がなく、間際になって、それこそ「バタバタ」する。

第三に、あちこちに顔を出したがる傾向があり、脇から口を挟むお節介屋でもある。

自分の仕事にじっくり落ち着いて取り組むことができない。

仕事ができる人間ではなく、ただ忙しがって目立ちたいだけなのだ。

仕事のできる人は多忙を装わない

スケジュール表を出して見せ、

「ご覧のとおり、ビッシリ詰まっていましてね。三カ月先まで、空いている日がなくてね」

いかにも、嬉しそうに言う。さらに、会う人ごとに、言いふらす。

忙しい人の中にも、もちろん有能な人はいる。本当に力のある人は、忙しくても、忙しそうに見せない。多忙であっても、息抜きの余地を作る。

上司が忙しがっていると、部下は遠慮して近づかなくなる。部下から情報が入らなくなる。上司として、孤立してしまう。

忙しくても多忙を言いふらさない節度を持ちたいものだ。忙しがるのは品のない姿だからである。

忙しがる人は、自分のことだけに関心が向く人ではないだろうか。もらった年賀状に、前年の仕事の実績がビッシリ書き込まれている。年賀状を出す相手のことに話題が及ばない。

このタイプの人は、つき合って面白い人ではない。自分のことしか喋らないからだ。

●品のいい悪口、品を落とす悪口

悪口を言わない人たち

他人の悪口を決して口にしない人がいる。少数派だが、私も何人か知っている。後輩のK君がそのひとり。彼は本社から長野支社に転勤して、五年間、長野に在住したが、その間、長野県の悪口を一度も言わなかった。私がかまをかけて、

「長野県人って、理屈っぽくて、頑固者が多いんだってね」

と誘っても、決して乗ってこない。利口ぶって、

「そうなんですよ。教育県だなんておだてられるものだから、頑固で口うるさくて、扱いにくい人が多いですね」

などと、知ったふうな口を利く者もいるが、彼はニコニコして、

「ぼくは長野県が大好きです。自然は美しいし、リンゴはおいしいですし、人も悪い人はいませんよ」

ことあるたびにこう言っていた。長野にかぎらず、およそ悪口を言ったためしがない。

K君には品があった。

ヤンキースの松井秀喜選手も、中学生のとき以来、人前で他人の悪口を言ったことがないそうである。松井選手には、どっしりした品格が感じられる。

悪口のほどよい加減

大抵の人は、日常の会話で他人の悪口を口にする。悪口は楽しいからだ。フランス文学者の河盛好蔵氏に言わせると、

「悪口はいくらでも実感をこめられるが、ほめ言葉に実感をこめるのはよほどのことである」

実感がこもりすぎて、度を越してしまうのが悪口である。特に、その場にいない相手が悪口の対象になる場合、ついエスカレートして、

「あんなひどい奴は見たことない。大体根性が曲がってるんだ。ああはなりたくないね」

吐き捨てるような言い方をする。こうなると、聞き苦しく、下品である。さらに、他人の悪口を言いながら、〈それに比べて私は〉とか〈私はそういう馬鹿なことはしない〉などと、自分の株を上げようとする者がいる。これもまた聞き苦しい。

悪口がほどよい加減を保つためには、第一に、人格を否定しない。「根性が曲がっている」「人間性に問題がある」「すれっからしの女」などは悪口の度を越えている。

第二に、「けなしても愛がある」、つまり、けなしていても、相手を肯定する心があるかどうかが大事。

「なんであんな無茶をやるのか、まったくあきれた奴だ」

そう言いながら、〈そこがまた憎めないところ〉との思いがあれば、悪口も度を越すことはない。

第三に、ライバルをほめるのは難しいが、悪く言うのは簡単。それだけ、度を越えやすいので、ライバルの悪口は慎んだほうがよい。

「噂をすれば影とやら」という諺《ことわざ》がある。いない人の噂話をしていたら、なんとその人があらわれたという例は少なくない。悪口も同じで、本人がドアを開けて入ってきたり、後ろに立っていたり……。

こんなとき、自分の悪口を聞いても「なんのこと?」と、とぼけられる人は、悪口を聞く者のたしなみを心得た人である。

品があり、人に好かれる。

「ここだけの話」に見え隠れする人の品性

勿体《もったい》をつけた言い方

周りに誰もいない、ひとりとして聞いている者などいないのに、わざとらしく周囲をうかがうような振りをする。ドアの向う側に聞き耳を立てている人がいないかと、さも用心深げに、ドアのほうに目を向ける。

そして、おもむろに、

「実は、ここだけの話なんだがね」

と、言い出す話し手に、憶えがないだろうか。あなたも、何度かこんなふうに、

「ここだけの話だけど」

と、近づいてこられ、話しかけられた経験があるに違いない。

いかにも、自分は重要なニュースを知っているんだと、勿体をつけているところが見えてしまうので、いい感じは受けない。

このタイプの話し手は、普段から大声で話したりしない。近寄って耳打ちしたり、

「いや、それはどうですかね」

などと、話を濁したりする特徴がある。なんとなく、秘密めかしたものの言い方をするのが得意のようだ。

重要な情報を持っているのなら、勿体をつけずに、オープンにすればよいのに、なぜか「ここだけの話」と、断りをつける。

本当は伝えて欲しがっている

なぜ、「ここだけの話」と言うのか。

人には、聞いた話を誰かに喋りたいという欲求がある。そこへもって、ちょっとばかり芝居がかって、声を低め、囁くように、

「ここだけの話だけど」

などと言われると、他人に話したいという欲求はいっそう刺激を受ける。

「あのね、ここだけの話ということにして欲しいんだが、大阪支社のSさん、本社に引っ張られるらしいね、大体、話は決まったようだよ。営業一課の課長に迎えて、一課の底上げを図ろうという狙いらしい」

こんな話は軽く聞き流せばよいのだが、

「黙っていてくれよな」

とつけ加えられると、妙に気になって、ほかの人に話したくなる。実は、このタイプの狙いはそこにあって、「ここだけの話」と言っておきながら、ここだけにしないで、あちこちに伝えて欲しがっているのだ。

そのような姑息《こそく》な狙いを持った話し方に、品があろうはずもない。いやらしく感じるだけである。

とはいえ、うっかり喋ってしまえば、相手の手に乗ることになる。ここは、「口を噤《つぐ》む」べきである。

「ここだけの話」によく登場するのが他人の噂話である。そんなことに関心を持つ暇があったら、と言い返したいが、人間、噂話には弱いところがある。

また、「ここだけの話」を言ってこられた場合、こちらを口の軽い人間とみなしているとも考えられる。知らんぷりをすることで、相手の見方の誤りを正してやるチャンスにもなろう。

●〝馴れ馴れし過ぎる〟話し方

初対面なのに馴れ馴れしい

アメリカ人は、初対面の人にも気軽に話しかけ、親しみのこもった笑顔を見せる。相手の警戒心を和らげ、親近感を育てるのがうまい。異民族との接触が多い状況がそうさせるのだろう。

日本人は、見知らぬ人、初対面の相手との会話が苦手で、ぎこちない。自然に、すっと相手に溶け込むのが上手ではない。

とはいえ、変化が激しく、人々の移動が頻繁で、外国人との交流も多い時代だ。初対面の人とのコミュニケーションも、上達を迫られている。

初対面の人とも積極的にやりとりをしようという人もあらわれてきた。ただし、親しくなろうと急ぐあまり、馴れ馴れし過ぎる人もいて、相手を戸惑わせる。

近づいてきて、いきなり、「よろしく」などと言って、握手を求めてきたり、親しげに、「どうも、どうも」と、馴れ馴れしい言葉で話しかけてきたりする。

親しくすることと、馴れ馴れしい態度、言葉で接するのとは区別すべきである。

まず、きちんとあいさつすることだ。

「こんにちは」

「どうぞよろしくお願いします」

「私、○○と申します」

笑顔を浮かべながら、このように言う。

ある三十歳の女性は、

「一回会ったくらいで、『よう』とか『元気』とか馴れ馴れしく言う男性は苦手ですね」

と、表情を曇らせていた。あまり気安いのは、相手に違和感を与え、かえって警戒される。

いきなりプライベートに立ち入らない

新幹線で隣席の人に、「どちらまで?」と聞くのは失礼である。パーティなどで初対面の人に囲まれると、「どちらにお住まいですか」「じゃ、JRで一本ですか」「ご家族は」などと話しかけ、ふと思いついて、自分の体調のことを「実は私、痛風でして」と喋りだすのも、馴れ馴れしく、相手にすれば迷惑な話だろう。

個人的な生活の話題より、名刺交換をして、仕事、会社、景気などの話題で話をする。やがて共通面も出てきて、親しみもだんだん増すはずだ。

電話での親しげな口の利き方

名乗りもせず、「福田健さまですか」と言われるのは、いやなものだ。姿の見えない相手が自分のフルネームを知っていて、こちらは相手の名字さえ知らない。気の小さい私など、不安になる。

「どちらさまですか」と聞いても、「いつも、いま頃は会社にいらっしゃるんですか」という答え。再び、「どんな用件ですか」と質問しても答えない。

「一度、お目にかかりたいんですが」

たとえ女性でも、こんな電話をかけてこられたら、会う気はしない。相手の見えない会話だけに、いっそうきちんと話さなくてはならない。

ケータイ電話は画面に相手の名前が表示されれば一安心だが、表示もなく、初めての場合、きちんと名乗るべきだろう。

〃自分〃を見せない人は敬遠される

いつまでも打ち解けない人

初対面なのに馴れ馴れしい男性、語尾を伸ばして甘える女性。いずれも節度を欠き、品がない。

かつて、作家の吉川英治は、

「あいさつとお辞儀は生活の句読点である」

と言ったものだが、節度とはこの句読点のことである。

一方で、何度会っても打ち解けず、親しみが持てない人もつき合いにくい。馴れ馴れしさとは逆の、よそよそしさを感じさせる。

近頃、メールなどの画面によるコミュニケーションに依存して、人と直接向き合って話す機会が減ったのも、原因のひとつかもしれないが、人と接するのにぎこちなさが目立つ。

人と話すのは、相手との間に親近感を育てるためである。会うごとに距離を縮め、心を開いて、素直にものが言える間柄を作っていくのが、上手な人づき合いというものである。

人間は誰でも、人と親しくなりたいという気持ちを持っている。そこを信頼することが何よりで、いつまでも警戒していると、相手からも警戒され、敬遠される。

自分にとらわれ、相手への関心に欠ける人

会って話すと、お喋りは決して下手ではない。ちょっとした話題を持ち出して、人を楽しませる力を持っている。それでいて、何か物足りず、いまひとつ、親しくなれない。遠慮なくつき合えない。気を使ってしまうのだ。

身の回りにそんな人がひとりか二人、必ずいて、誰ともなく、

「つき合いは長いのに、何を考えているのか、よくわからない」

こんな感想を抱いたりする。

このタイプの人の特徴は、表面上、相手に合わせてばかりいるので、その人の考えや本当の気持ちが見えてこないところにある。

話題になっている事柄に対して、気に入っているのか、気に入らないのか、どっちで

もいいのかが、伝わってこないのである。

つき合っている女性が、長い髪を切って短くした。

「どお？」

と問いかけられた男性は、

「いいんじゃないか」

「本当？」

「うん、可愛いよ」

「でも、長い髪が好きだったんじゃないの」

「それもそうだけど」

これでは彼女、本当はどっちなの、と気を使って疲れてしまう。

相手にもっと関心を持ち、自分の感じたこと、思ったことを、率直に述べる必要がある。自分を出さずに気取ってばかりでは、相手に関心が向かず、思いを素直に表現することもできない。

正直に自分を出せる人は強い人でもある。

●「謙遜」も度が過ぎると品が落ちる

謙遜の美徳

謙遜とは、控え目につつましく振る舞うことであり、主張したり、自慢したりせずに、自分を相手より一段下に下げる態度である。

何かにつけて、しゃしゃり出て、「私はこう思います」「私はこれができます」「私にそれをやらせてください」などと言い出すのは、はしたなく、謙遜とは逆の厚かましい姿である。

日本人は控え目で、自分から言い出したりしない態度を、昔から好んだ。謙遜は美徳であった。それがいまでも残っていて、謙遜して表現する人は少なくない。

意見を聞かれても、

「別にありません」

と答える。ないのではなく、

「私なんか、意見を言えるほどのものではありません」

という意味であって、自分なりの意見はちゃんと持っているのだ。
相手を上に、自分は下に、と謙遜する態度が身についてくると、やがて過剰になって、

●ほめられると、テレくさくなって、「私なんかとてもとても」と、打ち消しにかかる。
●自分をやたらと卑下して、下に置こうとする。

といった人もあらわれる。

ほめられるとすぐ打ち消す人

ほめ言葉に対して、「ダメですよ、そんなうまいこと言っても。何も出ませんからね」などと言うのはよいが、過剰に謙遜して、「そんなことありません」「大したことありません」「たまたまにすぎない」などと否定してかかる。自分は、ほめられるに価しない人間だと言おうとする。

相手にすれば、せっかくほめたのだから、素直に喜んでくれればいいのにと、物足りなく感じる。謙遜のつもりが、失礼な表現になってしまう。

「ありがとうございます」

「嬉しい」

と返せば、相手もよかったと満足できる。

「どうせ私なんかは」は禁物

仕事を頼むと、「え、ダメですよ。全然力不足で、何もできませんから」と、過剰に引いてしまう。このタイプは口癖のように、

「オレなんか、つまらない男だから」

「私、頭がからっぽなの」

「どうせ、大したことはできませんから」

などと盛んに謙遜してみせる。毎度言われると、嫌味に聞こえる。

「謙遜は最大の自惚《うぬぼ》れ」

と、皮肉のひとつも言いたくなる。

いつも謙遜していると、挑戦して自分を伸ばすチャンスを失う。それだけ、成長も遅れる。

●気になる「会話のなくて七癖」

簡単なようで難しい会話のやりとり

誰でも毎日、人と会話をしている。そのため、会話くらい簡単にできると思い込んでいる。ところが、会話が弾み、高揚感が味わえる経験はそう多くない。

おまけに近頃、会話を苦手とする人が増え、会話の能力や品位が問われるようになった。会話によく見られる、能力、品位を損ねる「七つの癖」について述べよう。

会話から追放したい「七つの癖」

①すぐに整理したがる癖

会話のやりとりでは、話が飛躍したり、脱線したりするのが楽しい。ところが、

「要するに、こういうことよね」

「いまの話、ポイントは三つに整理できる」

などと話をまとめたり、整理したがる癖の人がいる。説明ならともかく、会話はあち

こちに話が飛んで話題が拡がるものだ。整理されたとたん、会話は窮屈になる。

②決めつける癖

相手が何か言うと、

「世の中、そんなものさ」

わかったような顔をして、決めつける。世の中、いろいろなのに……。

「そんなの当たり前だ」

「できないさ、無理に決まってる」

こんな言葉を発する癖の人は要注意。

③相手の話をとり上げる癖

相手がたとえば、果物の話を始めて、岡山県の白桃について述べ出したとしよう。それを聞いた者が、

「桃は何といっても、山梨県産のものがいい。山梨では……」

いつの間にか、相手から話をとり上げ、自分の話を始めてしまう。

④突然割り込む癖

ひとりが喋り、他のものが順番待ちをしながら話を聞いている。〈次は私の番〉と思

っているところへ、不意に他のものが割り込んできたら、場は混乱する。突然割り込むのは、上司・年配者によくある癖だ。

⑤関係ない話を持ち出す癖

音楽の話をしているところへ、大相撲の八百長の話を持ちだす。自分が話したいことや、突然思いついたことを、話の流れを無視して喋りだす。会話の流れはそこで切れる。

⑥全部話さないと気がすまない癖

一から十まで全部話してしまう癖の人がいる。ほかの人は独演会を聞かされる羽目になる。話好きの人に見られる癖だ。

⑦人の話にすぐケチをつける癖

「あっ、それは無理だ。わかってないね」「それって、ドイツの話よ、知らなかった?」。ケチプラス嫌味であって、こんな癖の人がいると、会話は冷え込む。

以上のうち、思い当たる癖が三つ以上ある人は要注意。気をつけなければならない。

会話はみんなのもの。ひとりでいきがったり、雰囲気をぶち壊したりするのは、よい趣味とはいえないだろう。

第3章

品格を保つ話の〝さじ加減〟

▼対人関係で悩まないための会話の基本ルール

話し方研究所のオフィスから、徒歩七、八分のところに、「芦刈医院」という、こじんまりとした開業医がある。

芦刈先生は八十歳を越えた方だが、いつもこざっぱりとしていて、若々しく、とてもその年齢には見えない。それに、いかにも上品な先生である。

芦刈先生の品のよさは、どこから出てくるのだろうかと、常々、考えていたのだが、やはりその話し振り、話し方に品があるためだとわかった。

第一に、笑顔がよい。話すときも、話を聞くときも、笑顔を絶やさない。道ではったり会ったりすると、立ち止まって、

「お忙しいですか。また、どこかに出張するんですか」

などと笑顔で声をかけてくれる。

第二に、必ず、相手に関心を示す言葉をかけること。診察が終わったあと、短い世間話をするのだが、そのときの話をよく憶えていて、

「新しい本は、いつ出るんですか」

などと言ってくれるので、嬉しくなって、話が弾むのだ。

あるとき、風邪を引いて、芦刈先生のところに診てもらいに行った。いつも三十

分も待てば順番がくるので、そのつもりで出かけたのだが、その日は様子が違っていた。狭い待合室に患者があふれていて、一時間たっても、私の順番はこなかった。

〈いったい、いつまで待たせるんだ〉

次第にイライラしてきて、何度も立ち上がったり、背伸びをしたりした。一時間半たって、やっと順番がきて、診察室のドアを開けた。もし正面に鏡があったら、うんざりしたような私の顔が映ったことだろう。

そんなことを思いつつ先生のほうを見ると、いつものにこやかな笑顔で、

「福田さん、久しぶりなのに、長いことお待たせして、悪いことをしましたね」

と言ってくれたではないか。この一言で、イライラが一気に消えた。そして、八十過ぎたご老体で、たくさんの患者を診察している先生のほうこそ、〈さぞ、お疲れのことだろう〉と思った。そのことに、いまのいままで気づかなかった自分を、私は恥じた。

たった一言で、人の気持ちをとらえてしまう話し方。だからこそ、そこに品のよさを感じるのでもあろう。

〝恩着せがましい〟頼み方は恨みのタネとなる

弱味につけ込むのは卑怯

帰り際、突然、上司が部下の女性社員を呼びとめて、

「加藤さん、明日のプレゼンの資料作り、手伝ってくれないか、頼む」

「え、いまからですか」

「そう、明日、クライアントに提出して、その場でプレゼンしなければならないんだ」

「突然言われても、困ります。私にだって、予定があるんですから」

「だから、そこをなんとかと言っているじゃないか。明日の朝、一番で提出するには、これから取りかかって仕上げなくちゃならないんだよ。キミだってわかるだろう、大事なクライアントなんだよ」

「でも、なぜもっと早く言ってくださらなかったんですか。午前中とかに言ってもらえれば、なんとかなったんですけど」

明らかに、女性は突然の残業依頼に抵抗し、同時に戸惑っている。はっきり理由を言って断りたいのだが、その理由が言いづらい。プライベートな事情を知られたくないからだ。

それに気づいた上司は、なんと、

「キミ、この前、連絡ミスをしただろう」

「あ、あれは本当に申し訳ありませんでした」

「いいんだよ。ボクから部長にうまくとりつくろっておいたからね。お互い、仕事はもちつもたれつだろう。困ったときの助け合いっていうのも大事なんだ。そう思わないかなぁ」

ミスをうまくもみ消したことを恩に着せて残業を強いているのは目に見えている。しかも、部下が断る理由を言い出しにくいという弱味をにぎった上での、無理強いである。

こんな頼み方をするのは、いくら至急の仕事であるにせよ、上司としての資格を疑われる。ここは、

「無理を言って本当にすまない」

まず詫びて、その上で、

「私も全力で取り組む。一時間でいい、一緒に手伝ってくれないか」

このように申し出る。自分も徹夜でがんばるぐらいの意気込みをみせて頼めば、相手も心を動かされるかもしれない。

恩に着せれば品格を落とす

昔、世話になった人がひょっこりあらわれて、自分がかつていかに面倒をみて、助けの手を差し伸べたかを、それとなくほのめかした上で、おもむろに、

「ひとつ、キミに頼みがあるんだ。○○を紹介して欲しい」

「○○の話に一口乗ってくれよ」

などと言ってきたりすることがある。仕方なく一度は頼みに応じても、二度と顔を会わせたいとは思わないだろう。

「あの節は世話になった」「キミも元気だね」、これだけで辞去する。

少なくとも、自分の品格を傷つけずにすむ。同時に、人間関係も保たれる。

いい人間関係を保っていれば、いつかそれが役に立つものだ。目先の利益にとらわれるのは下品である。

●信頼を損ねる〝曖昧な〟断り方

断りの強さを恐れて逃げる心理

人にものを頼まれた場合、三つの選択肢が考えられる。

①引き受ける
②断る
③放っておく

十分引き受けられるのに断るのは、意地の悪い、非協力的人間のすることであろう。あえて「ノー」を言って、相手を鍛える、という場合も考えられるが、稀なケースである。

③は、思いつき上司が次々に仕事を持ち込んできた場合、その都度引き受けていたら、仕事にならないので、「イエス」と受けて放っておき、上司が忘れるのを待つという方

法である。上司の思いつきの良し悪しを見分ける目が部下になくて、片っぱしから放っておくのは無責任、やがて心が易きに流れる。放っておくのは断りの例外的な方法と考えるべきだろう。

問題は「断る」と決めた場合の断り方である。断れば、いやな顔をされる、怒り出す人もいる。「もう頼まない」などと、人間関係自体の解消を持ち出す者もいる。

確かに、断りは依頼、申し出の拒否であり、「ノー」の宣告だから、相手に強い影響を与える。それを恐れて、

●渋々、引き受ける
●その場しのぎにどっちつかずの態度をとる

後者の態度が、「イエス」とも「ノー」ともとれる曖昧な断り方である。

気がすすまないのに、人に誘われて、

「うーん、そうだな、行けたら行くよ」

ほかにも、頼まれ事に対して、

「考えておきます」

「なんとか手伝いたいと思うけど、なかなかね」

その場では、「ノー」をはっきり言わない。相手からすれば、なんとかオーケーして欲しいと思うから、プラスに受け取って希望をたくす。ところが、再度依頼すると、「ノー」。

「それなら最初からダメと言ってくださいよ」

失望し、腹を立てる。近頃は〝ドタキャン〟も珍しくない。とにかく、断りの鉄則は、「イエス・ノー」をはっきり告げることだ。

断りの強さを和らげる

「ノー」をはっきり言うと同時に、その強さを和らげるために、「悪いなあ」「申しわけありません」「期待に沿えなくてごめんなさい」と詫び言葉を加える。素っ気ない断り方は、相手の心を傷つける。道を聞かれて「知りません」と答える場合でも、一言「さあ」と、間合いを入れる。

この配慮が強さを和らげるのである。

●品のいい頼み方、品のない頼み方

一方的で相手の都合を考えない

人の心は両面を持っている。頼み事に関しても、「頼まれたい」「頼まれたくない」心がそれだ。人間は、人の役に立ちたいという思いがあって、品のいい頼まれ方をされると、この思いが刺激されて、「喜んで応じる」が、いやな感じの頼み方をされると、負担になり、逃げ出したくなる。

自分が何か思いつくと、相手の都合も考えないで、一方的に喋り出す人がいる。身勝手な人で、頼まれる側にも都合があることを考えられない人である。

第一に、思いつきでものを頼まないこと。内容を吟味して、なぜ頼むかを考えることだ。

第二に、自分がやりたくない仕事を他人にふったりしない。これでは、いやな仕事を他人に押しつけているのと同じだ。

第三に、頼むときは、「いま、いいですか」と、都合を確かめ、その上で、「忙しいところ悪いけど」と、一言つけ加える。

Eさんは、家庭でものを頼む場合、「です」「ます」を付けるように、子供にしつけている。

「お母さん、ご飯」ではなく、「お母さん、お代わりください」と言わせる。母親もにこやかに、「はい、わかりました」と、応じる。

ものを頼むときは、相手の手をわずらわせるのだから、「よろしくお願いします」「お手数をかけます」と、丁寧語を使うことも必要なのだ。近しい間柄こそ、「親しき仲にも礼儀あり」で、忘れないようにしたい。

中途半端な頼み方をするケース

立場や力関係が上の人間は、とかく相手の都合を考えない。強引な頼み方をしたり、頼んでやるといった、偉そうな頼み方をしやすいので、注意したい。

反対に下の者の中には、遠慮、気がねがすぎて、はっきりしない頼み方の人がいる。

「できたらでいいんですが」

「いつでもいいんですけど」

最初から、ダメかもしれないことを予想した、弱気の頼み方をしたのでは、相手にすれば、なんのために頼みにきたのか、疑わしく思ってしまう。

「部長にぜひお願いしたいんです」

このように期待の表現をもって頼めば、相手だって悪い気はしない。


頼む前から、「ムリだろう」と尻込みする人もいる。頼み事は、口にしてみなければ「イエス」か「ノー」かはわからないのだ。部下に、

「A社に頼んでみましょうか」

と言われて、

「A社はムリじゃないかね」

などと、答える上司もいる。上司として、心細い。

感じよく頼むには、相手の都合を考え、明るく期待を込めて話すことである。

〝冗談〟で見抜かれてしまう品の良し悪し

どんな冗談が品が悪いか

相手をからかったり、馬鹿にしたりする冗談は笑いは起こっても、あまり気分のいいものではない。

遅刻してきた部下に上司が、

「どうした？」

部下はテレくさそうに、

「すみません。寝坊しました」

「なんだ、キミは家でも寝ているのか」

これは、アメリカのポケットジョークに載っている話だが、実際に、上司が部下にこんなふうに言ったら、笑いよりも嫌味のほうが残るのではないか。読むのにはよくても、話すとなると問題だ。品の悪い冗談としては、次のようなものがある。

①本人をからかう、あげつらう

飲む席で、C子さんの取り柄に話題が集まった。Fさんが言った。

「なんといっても気さくな人柄じゃないかな。誰でも、遠慮なくすっと入っていける。飲みに行こうっていうのも、自然に言えるものね。これはすごい取り柄だ」

するとまぜっかえすように、Sさんが、

「要するに、人柄だけが取り柄で、ほかに何もないってことだ？」

笑いが起こったが、いい響きにならなかった。

②毒舌を吐いたり、悪い冗談を放つ

毒のある冗談や、馬鹿にしたり、からかったりするのを、さらに強めた、俗に言う「悪い冗談」。「私は口が悪くてね」という人が、強烈な冗談を放つのだが、自己満足するだけで、言われた相手は不快な思いをする。

③巧みに本音を装う

近頃、テレビに出てくるタレントには、冗談を言って笑わせて、いかにも本音をさらけ出しているように見せかけるのがうまい人が多い。だが、その人たちの目は常にキョロキョロしていて、口元にもいやに力が入っていて、不自然に映る。つまり、本音をさらけ出しているように装って、実は、見せていないのだ。

性格を聞かれて、一瞬考え込み、「優柔不断」と答える。本人とのアンバランスにどっと笑いが起こり、「実はそうなんですよ。優柔不断です」と、言ってみせる。巧みな喋りの中で本音を装うのだが、上手なところがかえって鼻につき、品がない。

場をなごませる冗談

品のいい冗談とは、場をなごませ、人々をほっとさせる冗談である。

「新幹線の自動ドアの前に立って、一生懸命ドアを閉めようとしている人がいたの。自分が脇にどけばドアはすぐ閉まるのに。近頃、私もそんなことしてるように思えて」

彼女の話に、一緒にいた人たちの間に笑いが起こり、頷く者が多かった。

エレベーターのドアが閉まる寸前に、男性が飛び込んできて、六階のボタンを押した。するとエレベーターは下に降り始めた。乗っていたひとりの女性が、

「このエレベーター、地下に行くんですけど」

「下がったり、上ったりするの、好きなんです」

男性はそう言って笑った。ほっとするような空気が流れて、エレベーターの中がなごやかになった。品のいい冗談には温かみがある。

●品格が問われる叱り方、とがめ方

的を若干はずすのが叱り方のコツ

叱る目的は、相手の欠点、ミスを指摘して、改めさせることとされている。だが、本来の目的は相手のやる気や能力を伸ばすことにあり、欠点を突いて責め立てることではない。

年輩の管理者や技術者、専門職出身の管理者は、とかく自分を基準にして叱るから、厳しく、頭ごなしに叱責する傾向が強い。

一方、叱られる側は、厳しく叱られた経験が少ない。強くやられると、ショックを受ける。そうでなくても、欠点や失敗に対しては、その人なりに気にしているものだ。気になり、負い目に感じている箇所を、ズバリ指摘されるのは、傷口にいきなり触れられるのにも似て苦痛をともなう。

心ある上司は、その点を配慮して、的を若干はずした言い方をする。

新聞社のデスクが新米記者の書いた記事を見て、いきなり、

「ダメだ、これじゃ記事にならん、書き直せ！」

と、叱り飛ばした。新米記者は顔色を変え黙り込んだまま、しばらく動かなかった。

その日の帰り、

「会社をやめさせてもらいます」

と言って、出て行った。理由は、どこをどう直したらよいか、何も教えてくれず、書き直せというのは、理不尽で納得できないというものだった。

おまけに彼は大学院出のエリート。これまで、自分のやることに、「ダメだ！」と頭から否定された経験が一度もなく、顔色が変わるほどのショックを受けたのであった。


デスクは的を少しはずす必要があった。

「初めてだから無理もないが、この記事の書き方には問題がひとつある」

「なんでしょう」

「今日の新聞の記事を読んで見比べてごらん。ヒントが見つかるはずだ」

「ダメだ！」と全否定せず、「ひとつ」と限定し、相手に考えさせるのである。

こんな叱り方は品がない

部下の態度、やることが歯がゆいと、ついイライラして、

「どうしてこんなことがわからないんだ」

「なぜ言ったとおりやらないんだ」

「いちいち言わないと、気づかないのか」

などと言いたくなる。

とはいえ、こうした言葉を強い口調で発するのは、上に立つ者として、余裕がない証拠。まして、

「お前みたいな奴はくびだ」

そう思って言ったのではなくても、これは口にすべき言葉ではない。


品がない叱り方として心しておくことは……。

①声を荒立てて、欠点をとがめる
大声を出せば、叱り手も叱られるほうも、声に刺激されて興奮する。はしたない。
②くどくどと叱る

相手が「わかりました」と言っているのに、「わかってないから言ってるんだ」と繰り返し、

「大体、今度のことでは」

と、同じ話をむしかえしたりする。

叱られる側からすると、「もうわかっている」のだが、そのとおりにできずに、またやってしまったことに対して、「くどくど」言われるぐらい、辛いことはない。

酩酊して遅く帰った夜、

「いったい、何度言えばわかるの！」

と、妻から厳しい言い方をされた夫は、返す言葉に窮する。そこへ、

「あなたはそんなに家に帰ってくるのがいやなの」

と、追い討ちをかけられる。

「うるさい！　いい加減にしろ」

「そっちこそいい加減にしてよ！」

お互い、怒声の発し合いとなる。

叱りの言葉は控え目に、短めにこそが品がよく、相手も受け入れやすいのだ。

③遠回しに、皮肉な言い方をする

同じことを注意されるのでも、嫌味に聞こえるときは、素直に受け入れにくい。

上司に、「お先に失礼します」と、帰りがけのあいさつをすると、ジロっと見られて、

「なんだ、その格好は」

手に書類を抱えたままだった。

「すみません」

「オレはかまわないけど、他の課の課長にそんな格好であいさつしたら、笑い者になるぞ。そう思わないか」

オレはかまわないと言っていながら、自分が一番気にしているのは、様子を見ればわかる。なぜ、もっと率直な言い方をしてくれないのかと、部下は落ち込んだ。

「オレはそういうのがとても気になるんだ。あいさつはけじめが大切だよ。書類をちゃんと片づけてから、あいさつをして欲しい」

きちんと、こう言ってくれたほうが、素直に改めようという気になれる。

「キミ、遅刻はいいことだと思うかね」

これも、皮肉のこもった、嫌味な言い方である。

相手を見下すような叱り方は品がない。たとえ強い叱り方でも、部下への愛情がこもった一言であれば、反省を促す力になる。

④みんなの前で叱って恥をかかせる

「叱るときは一対一で」とはよく聞く叱り方の心得のひとつである。清水の次郎長親分が、子分を人前で叱らなかったのは、有名な話である。とはいえ、職場の雰囲気を引き締めるために、部長が課長を全員の前で叱り飛ばすといったやり方は、いまでも行なわれているのではないか。

こうした方法は注意深くやらないと、逆効果になりかねない。

「あんな叱り方をするなんて、信じられない」

若い社員はショックを受け、別の社員も、

「あれでは課長がかわいそう」

と、叱った部長は以後、大勢の部下から不信の目で見られるようになったという例がある。

まして、若い社員を大勢の前で叱るのはやめるべきである。

●品位ある〝叱られ方〟を身につける

開き直るのは最低

叱られるというのは、自分の弱点、問題点を指摘されることだから、誰でも、反発、抵抗したくなるものだ。

「自分は健康だと思っている者は、クスリを飲もうとはしない」

同様に、悪いと思っていない人は、叱りの言葉を受け入れようとしないが、悪いと思っている者でも、叱られ方によっては、なかなか聞き入れないものだ。

反発して、開き直る人がいる。スピード違反や駐車違反でつかまると、

「私だけじゃない」

「ほかの人たちもやっている」

と言い出す人がいるように、叱られると、

「そんなこと言うんなら、あなただってやっているじゃないですか」

「偉そうに言うけど、自分はどうなんだい」

と、開き直る。自分を棚に上げて、叱った相手に文句を言うのは間違った自己正当化である。

人間、完璧な人は存在しないから、叱り手だって、間違いはする。そこを逆手にとって開き直るのは卑怯である。叱る側も頭にきて、双方非難のし合いで、心は休まらず、品は下がる一方である。

「そう言われても、わかるように説明してくれないとね」

これも、悪いのは相手と、やんわりと開き直っているのである。

一事が万事式に落ち込む人

間違いを指摘されて落ち込むタイプは、

「私はダメな人間だ」

「何をやってもうまくいかない」

「すっかり自信を失った」

などと、自分に悲観してしまう。

たまたまひとつの失敗を指摘されたにすぎないのである。いつも失敗ばかりしているわけではないことに気づくべきである。誤ちは直さなくてはいけないが、自分を全否定する必要はどこにもない。

「誤ちは恥じよ。しかし、わが身についてては胸を張れ」

これができる人は、叱られて成長する。

恨むのでなく感謝する

叱られる。苦言を呈される。恨みたくもなるが、そこをちょっとこらえよう。友達のいる前で、つき合っている相手に食べ過ぎを注意されたことに対して、「あなたは私に恥をかかせる気！」と、恨み言を述べた女性がいる。彼は彼女のダイエットに協力しようと、誠意をもって注意したのだ。

注意したり、叱ったりするのは、相手への愛情や期待があるからである。恨むのでなく、感謝したいもの。叱ったほうも、感謝されれば嬉しい。

〝叱られ方〟で、結果は違ってくる。叱られる人の度量が測られるのである。

●こんな嘘ならつかれてみたい――〝嘘〟の品格

「人生のソルト&ペッパー」

嘘も表現のひとつだから、嘘にもその人があらわれる。嘘には、隠したつもりが案外、本当の自分が出ているのかもしれない。

秋月りすさんの漫画『ＯＬ進化論』（講談社刊）に、「ほんとはだれ？」と題する四コマの作品が載っていた。

チャッカリＯＬが、上手な嘘をついて親の目を誤魔化すという奴だ。

三人のＯＬが居酒屋で鍋を囲んで、賑やかなお喋り。と、一人が、

「お願い、おごるから、協力してよ」

と、両手を合わせる。二人は、

「ま、いいけど……」

と応じる。店員にデジカメを渡し、

「シャッター押してください」

と、頼み、三人並んだところをとってもらう。二人の仲間が、

「あのコ、こうゆう悪ヂエはよく回るわね」

「ほんと」

と、囁く。そして、四コマ目で、両親が写真を手にして、まず、

「お父さん。ほら、こないだの旅行の写真よ」

と、母親。写真を見て、父親も、

「ああ、同僚と行った奴だな」

と、呟《つぶや》く。二人とも信じ込んだ顔をしているが、チャッカリOLは本当はどこへ行ったことやら……。


嘘はまず、ばれないこと。頭を働かせ、一工夫して、上手につくこと。何でもストレートに、正直に言えばよいとはかぎらない。日本では〝嘘も方便〟などという諺がある。

「以前、トルコに行ったとき、トルコ人が『嘘は人生のソルトアンドペッパーなんだよ』と話していました。やるなと思いました」

これは、知り合いの若い女性から聞いた話で、私も〈やるな〉と思ったものである。

ばれる嘘はつくな

仕事をしていて、嘘をつかざるを得ない状況もある。そのときは、嘘と気づかれない、上手な嘘をつくように工夫しなければならない。それができない人は、嘘をつく資格がない。嘘とわかったとき、「ひどい人だ」「裏切られた」と、ショックを受ける人がいるからである。

ばれるような嘘をつくのは、どこかに奢《おご》りがあるからだろう。責任の自覚のない、しかもすぐばれるような嘘は、その人の品格を一気に下げてしまう。

嘘をつくなら、最後まで……

ついた嘘がばれそうになったとき、どうするか。正直に、「申しわけない、実は嘘でした」と、白状すればよいか。否である。それでは相手が傷ついてしまうからだ。

「女に対して絶対嘘をつかないという男は、女の気持ちをさっぱり理解しない男である」

これは、なかなかの名言だろう。嘘でもいいから、だまし続けて欲しかったと、歌の文句にもあるではないか。ばれそうになって、「実は嘘だったんだよ」などと白状するのは情けないいし、残酷である。


真夜中のこと。夫は殺気を感じて、目を開けた。すると、女房が真赤な顔をして立っているではないか。出刃包丁を右手にかかげ、酒の臭いをプンプンふりまいている。度重なる夫の浮気を腹に据えかねて、酒をガブ飲みし、

「もう、殺してやる！」

と叫び、目を釣り上げて、出刃包丁をふりかざした。ああ、万事休す。だが、そのとき、夫が一言。

「なんだ、夢か」

呟いて、目を閉じた。あっけにとられた女房は、とたんに力が抜け、いきり立っている自分が馬鹿馬鹿しくなった。


以前聞いた話だが、これだけのシラを切れたら見事なものである。

最高の嘘、完璧な嘘

「なんだ、夢か」も、見事な嘘のひとつ。世の中には、見事な嘘、最高の嘘、完璧な嘘というのがあるものだ。度胸、気合い、相手への愛情などに支えられている嘘だ。

貧しい娘がアパートの二階で病の床に伏していた。外は激しい風雨が吹き荒れている。風が唸《うな》りをあげて木に襲いかかってくる。

「窓の外の木の葉が全部、吹き飛ばされてしまったとき、私の命も消えるんだわ」

彼女は小さな体をふるわせ、やがて眠りについた。翌朝、窓には光が差していた。恐る恐る窓を開けると、木の葉が一枚、木に残っているではないか。彼女の顔に、ぱっと明るい光が差して、生きる希望が生まれた。

最後の一葉は、一階に住む老画家が彼女のために、風雨の中で、必死に描いた絵だった。彼は、そのために命を落とすのだが……。

O・ヘンリーの短編『最後の一葉』の物語である。墓場まで持っていける、最高の嘘である。

〝愚痴〟に耳を傾けてもらう方法

なぜ愚痴を言うのか

言っても仕方がないことを言っては嘆くことを、「愚痴」という。

「そんなこと、いまさら言っても始まらないだろう」

「じゃ、黙っていられるかといえば、黙っているのは難しい」

なぜ難しいかというと、毎日の生活の中で、思いどおりにいかないことが多いからだ。話したことが、一向に通じない。相手が言ったとおりにやってくれない。つき合っている人の気持ちや行動が納得できない。……などなど、うまくいかないことだらけの日常で、不満が心を占領しているからだ。その不満が愚痴やぼやきとなって、こぼれ出てしまうのだ。


愚痴は言わないに越したことはない。聞かされるのもいやなものだ。でも、愚痴ひとつ言わないというのは、人間にとって、負担が大きすぎる。

愚も痴も「おろか」という意味を持つ字である。おろかではあるが、口にせざるを得ないのが愚痴なのである。

くどくなると嫌われる

不満は溜め込んでおくと、愚痴となってこぼれる。とすれば、第一に目一杯溜め込んでおかずに、吐き出してしまうほうがよい。我慢して溜め込んでおくと、イライラが高じてストレスになる。心に余裕がなくなり、精神衛生上、よくない。

第二に日頃抑えているために、一度言い始めると話が長くなり、くどくなる。愚痴は悪口として話されるから、悪口同様、同じことを何度も繰り返す傾向がある。

エスカレートして長くなり、くどくなった愚痴くらい、聞きづらいものはない。いやがられるのも、当然である。

嫌われない愚痴の言い方

まず第一に、溜め込まずに早めに言う。

第二として、愚痴を聞いてもらう相手を決めておく。親しい友人、つき合っている恋人、親、兄弟などの中から、話をよく聞いてくれそうな相手を選ぶ。

第三に、「今日は愚痴になると思うけど、聞いてくれるかい」と、最初に断っておく。相手もそれなりの用意をして聞いてくれる。

第四に、愚痴の対象者を一方的に責めない。

「私も、ちょっと確認すればよかったのかも」

と、自分の反省点もまじえれば、相手も聞きやすくなる。

第五に、愚痴を聞いてもらう一方でなく、相手の愚痴にも耳を傾ける。

愚痴は生活につきものである。だが、言って嫌われる者もいれば、嫌われない者もいる。そこに、話し方の差があらわれるのである。


知人で、小企業の社長をしている人がいる。会うと、いつも明るく、景気のよい話をする人だが、あるとき、「愚痴をこぼすことはないんですか」と質問してみた。彼は明るく言ったものだ。

「私の愚痴は独言《ひとりごと》です。ブツブツ、社長室で毎日二、三十分、愚痴をこぼしています」

なるほど、それでいつもすっきりした表情でいるのかと、納得させられたことである。

●品のいい質問は〝会話の潤滑油〟になる

質問の仕方にその人があらわれる

「質問ありませんか」と聞かれて、待っていたとばかり質問する人は少ない。質問を意識すると、急に質問しづらくなる。とはいえ、日常の会話では、何気なく、すなわち意識せずに、質問によるやりとりを交わしているのである。

なんとなく、思いつくままに質問しているので、

- ●必要なときに質問が浮んでこない
- ●的外れな質問をして相手を不快にする
- ●質問して相手を身構えさせたり、怒らせてしまう

せっかく質問したのに、右のような結果をまねいてしまったりもする。

質問の仕方にも、その人の人間性があらわれるのだから、「話し手の品格」を考える

場合、「質問」は無視できない問題なのである。
●日頃、どんな質問の仕方をしているか
●質問はコミュニケーションの場面で、どんな役割を果たしているのか

について、現状に即しながら考えていこう。

あいさつ代わりの質問

「やあ、こんにちは。お元気ですか」

「えっ、まあ、ぼちぼち」

「お出かけですか、どちらまで」

「ちょっとそこまで」

「行ってらっしゃい」


こんなやりとりは、普通にどこでも見かけるが、ここでは質問があいさつ代わりに使われている。質問することで、何か情報を得ようとか、相手を動かそうとか、そんなつ

もりはない。人間関係を良好に保ったり、以後の会話のきっかけを作るなど、そのあたりを目的としている。したがって、質問の内容は表面的なものでよい。

エレベーターの中で、同じ団地に住む人と一緒になる。見知らぬ人で、もちろん何階の何号室かもわからない。黙って知らん顔をすれば、それっきりで終わるだろうが、ちょっとした質問をしてみる。

「冷えますねえ、いまお帰りですか」

「ええ、特に今夜は冷えますすね」

「寒いのは苦手で」

「私もですよ」

「じゃ、おやすみなさい」

「おやすみなさい」

たったこれだけの、何の変哲もないやりとりでも、後日、ばったり出くわせば、気持ちよく言葉を交わせるだろう。ところが、近くにいても知らん顔。「用もないのに話す気になれない」とばかり、口も利かないのが近頃は当たり前になっているが、つき合いの範囲を自ら狭くしているようなものだ。

質問は、会話のきっかけになるばかりか、毎日の生活の中で、多くの役割を果たす。

こんなにある質問の効用

①情報を収集する
②仕事のコツや生き方のヒントが得られる
③面白い話が聞けて、会話が盛り上がる
④自分と異なる見方、考え方を知る
⑤他人の協力が得られる
⑥人的ネットワークが広がる
⑦周囲から高く評価される
⑧考える習慣がつき、思考力が伸びる

ただし、これらの効用も、適切な質問の仕方を心得ていなくては生かされない。不適切な質問をすると、逆効果の恐れもある。情報の収集にしても、「あの人には話したくない」となって途切れてしまう。

●気づかずに発する品の悪い質問

講演会で、たまに見かける人。「質問ありませんか」と聞かれて、質問するのはよいが、長々と自分の功績を述べて、

「以上、私の話に対しての講師のコメントをうかがいたい」

これはまた、どんな人物なのかと、品格を疑われる。かと思えば、初対面なのに、

「教育は家庭のしつけがすべてだと考えます。だから、わが社ではしつけのいい人のみ採用する。新人研修など無意味ですよ。どう思いますか」

突っかかるような口調で質問してくる人もいる。質問といっても、品の悪い質問は少なくないようだ。

①失礼な質問

例えば、団地のエレベーターの中での「冷えますね」「そうですね」のやりとりのあと、「何号室にお住まいですか」「お子さんは何人？」などと質問するのは失礼だろう。初対

面の相手にすれば、「いまお帰りですか」くらいが限度。それ以上は、相手を身構えさせる。新幹線で隣り合わせた相手と、目が合う。軽く会釈するのはよいが、

「どちらまで？　ご旅行ですか」

などと質問するのも失礼であって、私事に関することを聞きたがるのは品がない。

銀行の窓口で、定期預金の解約を申し入れたとき、「何にお使いですか」と聞かれたことがある。〈何に使おうと、こちらの勝手じゃないか〉と、いやな気分になった。

未婚の女性をつかまえて、

「キミ、なんで結婚しないの」

余計なお世話で、この種の質問はタブーとすべきである。逆手にとって、

「あなたはなんで結婚したんですか」

と、聞き返した人がいるとか。

②決めつけた質問

先入観や思い込みは持つな、と言われても困ってしまう。とはいえ、強過ぎると頑固になり、見苦しい。質問する場合、決めつけた言い方になる。

「彼女って、気難しいから話しにくかったでしょう」

「そんなことないですよ」

「じゃ、猫かぶっていたんだ。なにしろ、相当の気難し屋ですからね」

自分の思い込みから質問したのでは、会話は先に進まない。地方に転勤した管理職に、

「単身赴任の味気なさをどうやって紛《まぎ》らわせていますか」

と、インタビューした記者がいる。答える前から、単身赴任、イコール、味気ないと決め込んで質問されると、

「適当に紛らわせてますよ」

と、素っ気ない答え方になってしまう。

自分に都合のいい答えを要求する人は、発見の喜びを知らない人だ。単なる確認で終わるのだから、勿体ない話でもある。頭をやわらかくして、質問を工夫してみよう。単身赴任とは意外と面白いのかもしれない。そう思えば、質問もいくつか浮かぶ。

③漠然とした質問
質問の内容が曖昧で、具体性を欠くために答えにくい。何を聞きたいのか、質問者自

身、漠然とうかつかんでいないせいだろう。札幌の出張から帰ってきた後輩に、「どうだった、札幌は」

この場合、「どうだった」が口癖のようになっているため、答えるほうも、「よかったですよ」「まずまずでした」と、曖昧な言い方になってしまう。

この質問、「ご苦労さん」「大変だったろう」と、ねぎらっているのと大差ない。セミナーを受講してきた部下に、「研修、どうだった」と、質問する上司がいる。

これもねぎらいで、「勉強になりました」との答えが返ってくるだけである。研修で何を勉強してきたのか、仕事に役立つかどうか、といった具体的な質問にいたらないのは、部下を育てる上司として、無責任である。

ねぎらいはねぎらいとし、質問は事実と意見に分けて、部下から具体的な答えを引き出さなくてはならない。

④質問を装った詰問

上司が、「キミに質問したい」と言うから、なんだと思っていると、

「この前のA社だが、どうしてすぐフォローしておかなかったんだ。A社では、ウチが

フォローに来ないから、他社に問い合わせをして、検討中だというじゃないか」

これは、問い詰めであり、非難にほかならない。家庭でも、妻が夫に、

「あなたに聞きたいことがあるんだけど」

と質問したあとで、

「どうして子供の前であんなことを言うの。あなたは自分だけいい子になりたいのよ。いつだってそうなんだから」

と、詰問する例がある。

質問といっておいて詰問するのは、フェアではない。フェアな心を欠いた質問は「ずるい」のであり、答えるほうも「話が違う」と、口を噤んでしまう。

⑤性急な質問

質問されても、答えられないことがある。

「なぜ」「どうして」「どういうわけで」などに代表される、矢継ぎ早の質問は、相手を追いつめる。相手は答えに窮して、立往生してしまう。

質問は相手から話を引き出すこと、また、相手に考えさせることが目的である。急い

だり、焦ったりしないこと。

相手から、

「時間がないんだ。簡単に頼む」

と言われても、

「では、五分ということでいかがですか」

落ち着いて、このように切り出せる人なら、相手も、質問に答えてくれるだろう。

感情がたかぶると、質問も性急になる。

「先日訪問したD社、あれからどうした？」

「断られました」

「どうして？　なぜ断られた」

「わかりません。先方から断りの電話が入ったんですよ」

「どうして簡単にあきらめるんだ。それに、どうして断られたのかもわからないとは、いったい、やる気があるのか！」

質問ではなく、叱責である。

質問は相手が答えやすいことが第一である。

●相手が自ら話したくなるような質問を投げかける

弁護士でさえ、依頼人から本当の事情を聞き出すのは容易ではない。人は自分に都合の悪いことは話したがらないからだ。無理矢理に喋らせるのは脅《おど》しであって、脅迫は品格に馴染まない、野蛮な行為である。

相手が自ら話したくなるような質問、それが品位のある質問である。どんな質問が品がいいか、いくつかあげてみよう。

①短く、簡潔な質問

質問があるというから、聞いてみると、「実はですね」と担当業務の説明から話し始めて、いかに仕事にムダが多いか、「ムダを省くのに私の意見としては」などと長々と喋り、時間ばかりたつのに、何を質問したいのか、いっこうに要領を得ない人がいる。

短く質問するためには、何を聞きたいか、自分で十分につかんでおかなくてはならない。質問内容を整理、要約して、一言で言えるように、事前に準備しておくとよい。

多忙な相手でも、短く的を射た質問をすると、すぐに答えてもらえるばかりか、

「キミの質問は要領を得ていてよい。質問はすべからくこうでなくちゃあ」

あなたの評価を上げることにもなる。

②答えやすい質問から入る

質問を受ける側からすれば、どんな質問がとんでくるかわからないので、不安になる。警戒心が働く。

そこで、いきなりプライベートな質問を無遠慮にぶつけるのでは、相手は心を閉ざしてしまう。

警戒心を除き、安心して答えられるようにするのが、質問上手である。

質問の際、まず、自分のことから話すようにしよう。

新幹線で隣席の人に話しかける場合、

「今日は富士山がきれいですね」

「そうですね」

「実は私、週に一回、大阪へ出張するんですが、こんなにきれいな富士山は、今年に入

って初めてです」

「言われてみると、確かにきれいですね」

「今日もこれから大阪なんですが、失礼ですが、どちらまで行かれるんですか」

これなら相手も、応じやすい。先に、自分の行き先を告げてあるからだ。

区役所に電話をかけ、やりとりをしていると、

「失礼ですが、お名前は」

と、聞かれたことがある。この場合も、

「私、担当の宮本と申します」

まず、自らを名乗った上で、「どちらさまですか」と質問するのが順序というものだ。

顔馴染みの相手でも、いきなり質問から入るのでは、相手も答えにくい。

評価面談の席でも、開口一番、

「前期に比べて、実績が下がっているが、いったいどうしたんだ」

これでは、取り調べを受けているみたいで、相手は身をかたくする。

「キミは確か、千葉県の柏に住んでいたよね」

「ええ」

「あの辺は変わったろうね、駅前なんかも、すっかり様変わりしたんじゃないかね」

「ご存知なんですか、柏のあたりを」

「実は、ぼくも十年前に住んでいたんだ」

こんなキャッチボールをして、相手の心をほぐしたあとで、

「通勤に時間がかかるのも、仕事に影響しないかい。今期、実績がちょっと下がっているようだが」

世間話のようなやりとりをして、徐々に本題に近づくようにもっていく。肩の力がいつの間にか抜けて、話しやすくなる。

相手の身になってする質問

よく耳にする質問に、「いま、どんな気持ちですか」がある。「いま、どんな気分？」という質問もよく使われるが、これでは、あまりに工夫がなく、安易である。いまの気持ちを聞くのなら、相手の身になって想像力を働かせ、次のような具体的な質問を積み重ねていく。

「一度、キャンセルすると言われたときはどんな気持ちでした？」

「すぐにクライアントのところに飛んで行ったんですね」
「クライアントがやっとオーケーと言ってくれたんですね」
それぞれ、「ショックでした」「無我夢中でした」「そうなんです」との答えがあったところへ、「いまの気持ちはどうですか」と質問すれば、「最高です」との喜びの声が返ってくる。相手の気持ちを思いつつ聞く。そうすれば、地震などの災害にあったばかりの人たちに「いま、どんな気持ちですか」といった無神経な質問はしなくなるだろう。

相手が話したいことを質問する

自分が聞きたいことと、相手が話したがっていることの二つがあった場合、どちらを優先させるか。相手が何を話したがっているかを知り、そのことを中心に質問するのがよい。その上で、自分の聞きたい質問をする。

例えば、つき合い始めた女性が料理が得意だとする。料理の面白さ、得意な料理などに質問を向けながら、お酒について聞いてみたくなった。そこで、「お酒を初めて飲んだのはいつ頃のこと?」。この質問は、過去にさかのぼるので、相手も話しやすい。

答えやすく、会話が楽しくなる質問を心がけよう。質問の品もよくなるだろう。

こんな質問は下品

●無遠慮な質問

——私事に立入る失礼な質問——


「キミ、マンション買うんだってね。すごいね」

「モデルルームを見て回っているだけです」

「すごいね。お金は誰に出してもらうの」(余計なお世話)

●決めつける質問

——思い込みを押しつける——


「連休はどこへ行くんだね」

「家にいるつもりです」

「いい若い者がどこへも行かないのか」

(連休はどこかへ行くものと決めつけている)

●漠然とした質問

——何を質問したいか不明——


「毎日、どんな生活をしてるんですか？」

「どんな生活って？」

「休日とかは」

「ごく普通の生活だよ」

●質問と言って詰問する

——相手を問い詰める——


「質問があります」

「どうぞ」

「２日以内でやれなんて、ひどいと思いませんか」

●性急な質問

——「なぜ」「どうして」と矢継ぎ早の質問——


「こんな時間まで、どこにいたんだ」

「クルマが混んでいて」

「誰に会っていたんだ」

「Ａ社のＢさんですよ」

「なぜ、こんなに遅くなったんだ」

●品格あるスピーチ――三つの条件

話す時間を厳守

大勢を対象に短い話をするのを「スピーチ」と言う。学会の発表やプレゼンテーションは、対象が大勢でも長い時間をとる。講演も一時間くらいかかる。長くて五分、短ければ一分というのがスピーチの特徴で、

- ●朝礼のスピーチ
- ●披露宴でのスピーチ
- ●歓送迎会でのスピーチ
- ●記念行事でのあいさつ

など、およそスピーチと名のつく話は、短い時間で行なわれるのが特徴である。

いまは誰もがスピーチをする機会のある時代。にもかかわらず、スピーチの本質であ

る「短い」が忘れられて、だらだらと喋ってしまうのはなぜか。

時間の感覚が欠如しているからだ。一分でどのくらい話せるか、二分では、三分では、と時間を決めて話す練習をすべきである。話し方研究所で実施している「スピーチ講座」では、この練習を徹底して行なっている。

時間とは〝命〟のことである。だらだらと長い話をするのは、他人の命を奪っているに等しい。

時間厳守が、スピーチの品格の第一条件となる。

事前に必ず準備する

短い話は、十分に準備しなければできない。

「スピーチは短く、準備は長く」

を胸において、時間をかけて準備をすることだ。

スピーチが苦手、思ったことが話せないという人にかぎって、準備をしていない。直前になって慌てて準備にかかるから、余裕がなく、不十分なまま人前に立ってしまう。

その結果、あがって、話は支離滅裂になってしまう。

「あがり症」という人も、準備不足が原因で、しっかり用意してあれば、少々のあがりなど、むしろ心地よい刺激になる。

いいところを見せたいとの思いもあるから、あれもこれもと、盛りだくさんになりやすい。短いスピーチで肝要なことは、「捨てる」こと、無駄を省くことである。

よく準備したスピーチには品格がある。

スタートが肝心

スピーチの出来不出来はスタートで決まる。

第一に、いきなり話し始めず、スタートで間をとる。この「間」によって、聴衆の注意をこちらに向けさせ、聞く気を起こさせるのだ。

第二に、言い訳をしない。

「私は話し下手で」

「準備する暇がなくて」

こんな言い訳は、聴衆に聞く気を失わせるだけだ。

第三に、身近な具体例から話し始める。具体例は人々の興味を引く。場面や状況が目に浮かぶので、理解しやすい。エピソードなどを用いるのも効果的だ。品格のあるスピーチは、スタートで聴衆を引きつけるのである。

第4章

「聞き方」にあらわれる品格

▼「聞く」のは大事な自己表現のひとつ

「話し方」「聞き方」と並べると、断然、「話し方」のほうが注目度が高い。とはいえ、両者は互いにつながっており、聞く者がいなければ話すことも成立しない。そして、聞くのも表現であり、聞き方にはその人があらわれる。

いかにも疑い深そうな目をして話を聞く人がいる。その姿は猜疑心《さいぎしん》丸出しで、下品である。また、路上で立ち話を始めたのはよいが、あちこちに目をキョロキョロと走らせる人がいる。話していても、気が気でない。

「あの、誰か探しているのですか」

思わず、尋ねてしまったことがある。こうした落ち着きのない聞き方には、もとより品格は感じられない。

「聞くぐらい簡単」

「要は聞いているんだから、いいじゃないか」

と、聞くことを軽く考えやすいが、聞いている姿にも自分があらわれていて、相手にそれを見られているのである。

知らぬ間に、自分の人柄や人格を見抜かれているとともに、話し手にも影響を及ぼしているのが「聞き方」なのである。

人前で話すのが私の仕事である。したがって、普段から、トレーニングのために、人に会うと話すことを心がけ、

「さすが話し方の先生ですね。よく喋りますね」

とほめられる。

しかし、ほめられていい気になっていてよいのか。

喋ってばかりでは、アウトプットのみで中身がやせ細ってしまう。それにいやな奴だと会う人ごとに嫌われて、話も聞いてもらえなくなる。

普段、私が心がけたいと思っているのは、聞き役に回り、人の話をよく聞くことである。話を聞いていると、いろいろなことを知ることができる。知ったことを違う相手に話してみる。反応が返ってきて、再び、私は聞き役に回る。

よい聞き手になれば、人に好かれる。

だが、「話す」より「聞く」ほうが、私にとっては難しい。つい、喋りたくなる。

そこを乗り越えられるかどうか。

聞く力が身についてこそ、話し方も本物になるのである。

●聞き方に〝その人〟があらわれる

「聞く」ことに関心を向ける

人を採用するとき、面接官は応募者がどんな話し方をするかで、人物・能力・適性などをみるというが、「聞き方」にもっと関心を向けるべきだろう。

第一に、こちらの質問に対する答え方で、質問の趣旨をどれだけ正確に聞き取ったかが把握できる。

第二に、グループ面接の場合、他の応募者が話している最中に、どんな聞き方をしているかで、人柄や心理状態がつかめる。

第三に、こちらに対する質問の仕方で、問題意識や関心領域がわかる。

さて、毎日の生活の中で、自分が人の話を聞いているシーンを思い浮かべて欲しい。あなたはどんな聞き方をしているだろうか。次ページのチェックシートの該当する項目に、印をつけてみよう。

あなたは人の話をどのくらい聞いていますか？

		しばしばある	めったにない
①	早合点、早とちりで話を聞き間違えたことは？		
②	話を聞いていると、眠くなったり頭がぼんやりしてくることは？		
③	話している相手が嫌いな人の場合、心を閉ざしてしまうことは？		
④	相手の話し方が下手なために、聞こうとしなかったことは？		
⑤	自分の話すことを考えていて、相手の話が聞けなかったことは？		
⑥	自分が先に話したくて、相手の話を遮ることは？		
⑦	話に興味がなくて、聞く気になれなかったことは？		
⑧	自分とは考えが違うと判断すると、頑として聞かなくなることは？		
⑨	人の話を聞くとき、腕組みをしたり、無表情だったりすることは？		
⑩	話の内容に不明な箇所があっても、質問・確認をしなかったことは？		

落ち着いた親しみやすい態度で聞く人は品がいい

①の早合点、早とちりで話を聞き間違える人は、せかせかと落ち着きがない。話し手も影響されて、急いでしまい、思うように話せなくなる。頭がいいことを誇示して、「オレは一言聞けば、わかるんだ」とばかり、「わかった、わかった。で、その先は？」と先走って、聞き間違える人は、実はわかっていないのである。

⑨の腕組みをしたり、あるいは無表情で話を聞く人が最近増えている。聞くのにも相手がいることを忘れている人たちである。急がされるのも話しにくいが、腕組みをされるのは、もっと話しにくい。

自分の聞いている姿が目の前の相手にどんな影響を与えているか、それを考えていれば、こんな聞き方はしないだろう。

⑨の聞き方を「ネガティブ・リスニング」と名づけ、気づかないうちにやっていないか、注意するように呼びかけている。話し手を戸惑わせるからである。

「聞く耳」を持たない人は、文句の多い下品な人

誰にも聞きたくない話がある。

一般論としてあげれば、

●耳の痛い話
●自分に都合の悪い話
●自分と考えが違う人の話
●関心のない話、興味の持てない話
●嫌いな相手が喋っている話

などがこれにあたる。

ここで聞く耳を持とうとせず、

「うるさい」
「よけいなお世話です」
「そんな話、聞くだけ無駄だよ」
「どうでもいい、興味ないね」
「あんな人の話、聞きたくもない」

などと頑なに拒否していたら、第一に自分が損をする。

聞く力が試されるのは、聞きたくない話を耳にしたときである。そのとき、耳を囲んでいる門を開くか閉じるかで、聞く力が決まるのである。

アメリカの映画監督スティーブン・スピルバークはこう言っている。

「話を聞かない人は、何も学べない。飛躍のチャンスを失う」

彼は、子供のように無邪気な表情で話を聞き、明るく楽しそうに話す。品のいい人である。

都合の悪いことを言われて怒り出す人は、偏《かたよ》った気難しい人物であり、嫌われる。とはいえ、聞きたくない話に耳を出すのは、容易ではない。もしかしたら、自分で知らないうちに、気難しい人間になっていないともかぎらない。

「説明責任」は聞き手にもある

かつて、「わからないのは、聞き手が悪い」と、説明責任は聞き手に押しつけられていた。いまや社会が複雑化、高度化して、説明責任が話し手に移行した。移行したのはよいが、加速しすぎて、すべて話し手の責任と決めつけるのは間違いである。

ちょっとでも難しい話、つまらない話となると、聞こうとしなくなる。それを問いかけているのが④である。

聞き手にも、わかろうとする努力が必要で、また責任がある。話し手の責任を強調するあまり、タレント並みの面白い話を要求し、それができない話し手は敬遠する。行き過ぎである。

これでは聞く力は退化する一方である。

話し手がわかりやすく話す努力をいくらしてみても、聞き手がわかろうと協力しなければ限界がある。

「話し方がヘタだ」

と責める前に、こちらも進んでわかろうとする。「ヘタだ」「聞く気がしない」とそっぽを向いてしまえば、話し手はますますヘタになっていく。話しベタは、聞き手が作っているのでもある。

●「聞く」は受け身の行動ではない

聞くのは〝活動〟である

なぜ、「聞くのはラクだ」「聞くぐらい、誰にもできる」と、簡単に考えるのだろうか。聞くのを「休息」としか捉えていないからである。

例えばの話、

「今日は疲れているから、あなた話して。私、聞いてるから」

こんなセリフを口にする人がいる。疲れていたら、話なんか聞けるものではない。せいぜいできるのは、「聞いているふり」にすぎない。

疲れて帰宅したところ、奥さんが待っていたとばかり、あれこれ喋り出す。夫にできることと言えば、「そう」「へえ」などと、聞くふりだけだろう。

やがてそれもばれて、夫婦ゲンカが始まる。

帰宅した夫が、

「ああ疲れた、口も利く気がしない」

と言ったとき、奥さんが、

「じゃ、黙っていたら」

と返したら、夫は腹を立てるだろう。話すほうは、疲れていてもできるからだ。話すことで、かえって疲れがとれたりする。話すは「放つ」に通じ、気が晴れるのだ。

聞くのは受け入れることだから、聞くこと自体、大変な疲れをともなう。受け入れて理解しようとするのだから、集中力、思考力、想像力など、いろいろな力を動員しなければならない。

休息どころか、「活動」なのである。じっと聞いていて疲れてきたら、話し手に回って疲れをとる。「聞く」に「話す」が加わるのは、そんな効用もあるからだが、もちろん、そればかりではない。

聞く一方では礼儀に反する

話し手の話を、なんでも「はい、はい」と頷いて聞く人がいる。一見従順で、よい聞き手のようだが、そうではない。

第一に、話を聞いて、「どう思い」「どう考えている」のかが、不明なままだから、

〈一体、この人は何を考えてるのか〉

と、不安になる。

話し手は、このタイプの聞き手に対しては、どういう人なのかと、首をかしげ、苦手とする。聞き手が黙って聞いているほうが無難と考えているのなら、考え違いというものだ。中には、おとなしく聞く一方の人間が気に入って、いい気になって喋る話し手もいるが、これはイエスマンの聞き手であって、軽く見られてしまう。

聞きながら同意するのは、やりとりを円滑にする上で必要なことである。とはいえ、同意一方では、不自然であり、話し手は不安になるとともに、もの足りなさを感じる

第二として、「give and take」の原則違反。

聞く一方の人は、相手から情報を得るだけで、自分から提供をしない。フェアではない。情報が得たければ、相手にも情報提供をして、はじめてバランスが保てる。

「彼女と話すと、彼女なりの意見が聞けて参考になるよ。こちらも、お返しをと思っていろいろ情報提供することになって、会話が弾んで、いや、楽しいんだね」

こういう女性は品もあり、仕事もできる人が多い。

話し手がむっつり型で、何も喋ってくれなかったらどうするか。相手の興味を引く話

題を用意してかからないと、もの言わぬ話し手に手こずってしまうだろう。

コンピュータのエンジニアが会社をやめたいと言っている。いまやめられると、仕事がストップする。なんとか、引きとめたい。

彼はむっつり型だ。面談する前に、上司は彼が海外のミステリー小説が好きであることを思い出した。上司は、ミステリー本を一冊買って目をとおした。長編は大変なので、短編にした。

彼との面談のきっかけにと思って、最初の一言をこんなふうに切り出した。

「キミは海外のミステリーが好きだったね」

「えっ、まあ」

「実は、スタンリイ・エリンという作家の短編を読んだんだが、面白かったよ」

「彼は、短編の名手なんですよ」

「道理で、いい作品が多かった」

「ただ、短編小説ひとつ書くのに一年もかける人ですから、作品が少なくて」

「そうなのか。でも、このところ、キミのメンテナンスの仕事も忙しそうだから、小説を読む暇もないか」

「あのー、そのことで」

彼は重い口を開いて、喋り出した。


相手から話を聞くためには、前もって話題を用意しなくてはならないことを、この例は見事に証明してくれる。

困っている話し手に助け舟を出す

話し手の中には、要領を得ない話し方をして、モタつく人も多い。〈一体、何が言いたいんだ〉と、無愛想な顔をして放っておく聞き手は、冷たい人である。ポイントを要約したり、整理して、

「こういうことが言いたいんですか」

と助け舟を出すようにしたい。そのためには、こちらも本気で聞いていないとできない。

「聞く」には常に「話す」がともなう。知らん顔の聞き手は、人格に問題がある。

●聞き上手になるほど品格は高まる

品位を生み出す要因

営業担当者百名の前で、講演をさせてもらったときのことである。

参加者の中に、顔を私のほうに真っ直ぐに向け、熱心に話を聞いている男性がいて、目についた。笑顔を浮べ、要所要所で頷き、メモをとる。熱心に聞いてくれるのだが、その姿は全体としてゆったりしていて、品のよさを感じさせる。彼の品位はどこから生まれるのだろうか。

品位を生み出す要因とは、

●自ら責任を引き受ける人の品位
●礼儀正しさからくる品位
●追い込まれても、たじろがない、凛《りん》とした品位
●自分を支えるプライドが生み出す品位

●ゆったりとした、人を包み込む品位

など、いくつもの要因が関係しているようだ。〝はきだめの鶴〟は周囲の環境の影響を受けないまま、気高さが保たれている人の品位をたとえたものだろう。

周囲からよい影響を受けて品格を高める人もいれば、よくない環境の中でも影響されずに、品格を保っている人もいる。本人の自覚次第ということになる。自覚が硬い表現なら、「本人のその気次第」と言い換えてもよい。いずれにせよ、希望の持てる話だ。

「ゆったりとした、人を包み込む品位」だが、これは、話の聞き方にあらわれる。

例にあげた営業の男性は、三十代後半。成績は、常に上位三位の中に入る、優秀な営業マンである。その彼が、オフィスにいるときは、目立たない人で、言われてみて、

「へえ、あの彼がトップセールスなの」

驚くほど、地味な人だという。彼の上司はさすがに部下をよく見ている。

「彼はいい奴ですよ。疲れて外からもどってきても、若い後輩に相談されると、いやな顔ひとつ見せないで、例の笑顔で、話をよく聞くんです。外部のお客さんはじめ、内部

の人間からも、頼りにされてるんですね」

「彼にそうさせるものは何ですか」

「それはよくわかりませんが、奴は本物ですね。いつも、気持ちに余裕がありますから」

余裕か……。彼が車間距離をとって、ゆったり走っているシーンが浮かんできた。

余裕を作り出すコツ

営業のような数字を争う世界で、余裕を持つのは大変だ。目先の成績が気になって、どうしても売り込みを急ぐ。早口に喋りまくるうちに、余裕がなくなってしまう。

営業にかぎらない。なんとかしようと思う気持ちが心を急がせる。

このとき、思い出して欲しい諺がある。

「急がば回れ」

誰もがよく知っていながら、急いだり、焦ったりしていると、すっかり忘れている言葉である。この言葉を口ずさみ、その上で、深呼吸する。すなわち、一呼吸おいてみる。

そして、もう一度、「急がば回れ」と、ゆっくり言ってみる。ほんの少しだが、余裕が生まれてくる。

余裕はあるなしを問うのでなく、自分で作るものだ。「余裕がないとできない」、確かにそうだが、それなら余裕を作る工夫をしようではないか。

「一呼吸」とは、自分をとりもどす間合いのこと。「急がば回れ」と言いながら、この間合いを作る。

すると、不思議に、相手の話を聞いてみようという気持ちになれる。話し手を相手に譲って、自分は聞き手に回るのだ。人の話を聞いていると、喋ってばかりいたときに見落としていたことが、いくつか見えてくる。何かを恐れて、夜道を早足で歩いている自分が浮かんでくる。余裕が生まれてきた証拠である。

余裕のないままにしておくと、人間、怒りっぽくなる。とても、ゆったり話を聞いていられる状態ではない。大事な別れ道である。

こうすれば力が抜ける

物事に、一生懸命に取り組む。大事なことである。でも、行き過ぎると、余裕が失われ、窮屈になる。

「彼は真面目だ、よくやっている」

と、周囲から評判の社員がいた。入社五年目。評判のよさが買われて、彼は「新入社員の指導員」に任命された。四月に入社した大学卒の新人一名。彼が三カ月間、指導し、面倒をみることになった。

真面目で仕事熱心。うってつけの指導員と期待された。

実際、彼は一生懸命指導した。だが、なかなか思いどおりにいかなかった。折に触れては声をかけ、親しくなろうとするのだが、いっこうに打ち解けてくれない。自分で考える社員になって欲しいと、「キミはどう思う?」と質問するのだが、答えは「そう言われても」とさえない。

悩んでいるときに、先輩が明るく一言。

「自分が百パーセントだなんて思わないことだ」

一生懸命で力が入りすぎて余裕を失くしていた彼は、この一言ではっとした。真面目な人は完璧を狙う。相手は窮屈になる。力を抜いて、冗談を飛ばしたり、相手の話に耳を傾けたりすることで、新人も打ち解けてきた。

余裕があると、話が聞けるようになる。冗談も言えて、明るくなる。そんな人に、下品な人間はいない。

話したがっている人の気配を読みとる

よく耳にする、こんなセリフがある。

●「話したいことがあったら遠慮なく言ってね」
●「オレ、話を聞くの好きだから、なんでも話してくれよ」

それなら話を聞いてもらおうと近寄ると、やたら忙しそうだったり、「うん、何？　実はね、いまね、私、こんなこと考えてたね」自分で喋り出したりして、意外に聞いてくれない。いわゆる「口ばっかり」。話し手は失望して、話に行かなくなる。わざわざ、「なんでも聞くから」と言う人に、聞き上手は少ない。調子がよく、自分が話したいだけの人が多い。

いちいち断らなくても、勘のいい人がいて、聞いて欲しいことがあると、さり気なく声をかけてくれる。

「コーヒーでも飲む？」

「ちょっと行くか」

目で喫煙室を促すなど、自然にもちかけてきて、聞く機会を作る。

こういうタイプは、話し手が話したがっていることを感じとるのが上手なのである。

聞き上手に救われた話

キャッチボールをしたくても、相手がいなくてはできない。話をしたいと思っても、聞いてくれる人がいないのでは、どうしようもない。話をしたい、話を聞いて欲しいと思っている人のところに、すっとあらわれて、聞き役になってくれる人。よく気がつく人で、頼りになる相手だ。

プロゴルファーの横嶺さくらさんに、「いじめ」について書いた文章がある。

彼女は小学生の当時、いじめにあったという。ゴルフをやり出し、父親と一緒に、土、日、月と、三日間ゴルフの練習に行き始めた。

「私が月曜日に学校を休むので、男の子たちは『なぜ、お前だけが月曜日に学校を休むんだ』と騒ぎ立てるようになって、私が黙っているものですから、それがきっかけで、いじめにあうようになりました」

いじめはだんだん激しくなって、学校に行くのが辛くなった。彼女は子供の頃、無口だった。学校でいじめられても、家では何も話さなかったので、両親は知らないままだった。

無口とはいえ、それにしても、最近のさくらはおかしい。何かあったのでは、と気がついたのは、姉さんだった。近づいて、声をかけ、「私に話してみて」と、促した。すぐには話せなかったが、二度、三度促されて、三度目に、悩みを全部吐き出した。

姉は両親に相談し、父親が学校に行き、彼女へのいじめは解消した。そのときを振り返って、

「私は話すことの大切さを学びました」

横嶺さくらさんはこう結んでいるが、もう一点見落せないのが、聞く人の存在である。聞いてくれる姉がいたからこそ、話すことができたのである。

発信のサインをキャッチする方法

人がなんらかの発信をする場合、それなりの素振りや合図があるものである。例えば、会議でも次に発言しようとする者は、それらしい動作、態度を示す。注意して見ていれば合図をキャッチすることができる。

司会者は、参加者の合図に敏感であって欲しい。上司が司会役を務めると、喋る一方になる例が多い。

「誰も喋らないから、結局、私がひとりで喋ってしまうんですよ」

さあ、どんなものか。参加者の様子を見て、合図をつかみ、発言を促す。ひとりが発言しているときは、発言している人間でなく、発言を聞いている他のメンバーに目を配り、何か言いたそうな人を見つける。

それをさり気なくできる人は、司会者としても、上司としても、リーダーシップがとれるのである。

人の心の変化を読む

技術の進歩は急速、それにともなって、仕事の流れ、生活の様式もどんどん変わっていく。目まぐるしい動きに気をとられる一方、身近な人間の心の変化が見落とされていないか。

人間の心理はちょっとしたことで変わるし、性格、ものの考え方は急に変わらなくても、徐々に変化していくものだ。でも、その変化に、なかなか気づかない。例えば、相手に、

「彼女は素直な人だ」

といった、特定の印象を一度持ってしまうと、それがついて回る。素直な人でも、ときにはひねくれる。相手を、変化する存在として捉えていかないと、現実のコミュニケーションで失敗することになる。

品格を構成する要素のひとつ、「やわらか頭」が必要になるシーンである。頭の筋肉をもみほぐし、心をニュートラルな状態にしておくことで、人の心の変化が読み取れるのだ。

一人ひとりの変化に敏感になり、変化の原因をつきとめることで、「聞く力」は伸びていく。

●本物の話し上手は「聞き上手」である

人の話を聞ける人が話し上手

どんな人が本物の話し上手であり、話し方の品格を備えているか。

話の上手、下手を区別する境界線は、意外にはっきりしていないのだ。何をもって、話し上手とするか。かつて、初めて話し方の門を叩いたとき、担当の講師から言われた。

●話は必ずしもうまくならなくていい
●もっと大事なものがある

右の言葉は、私にはショックだった。話が上手になりたいと思って、話し方を学びにきたのに、なぜ上手にならなくてもいいのか。当然の疑問がわいたのと、もっと大事なものとは何か知りたいとの好奇心を喚起させられたからだ。

前者は、「うまくなる」ということへの問題提起であり、後者の大事なものとは、聞くことの大切さを示していたのだが、そうとわかるまでには時間がかかった。

結論を言えば、器用に、エンターテナーのように面白おかしく話ができるのが話し上手ではない。「人の話が聞ける」ことこそ、もっとも大切な、話し上手の条件である。

すぐ喋りたがる人は品を欠く

程度の差はあれ、人間は話すことを好むものだ。「私」の意識が強いとき、自己表現の願望は高まる。

中でも、話が好きで、黙っていられないタイプは、聞くことがおろそかになりやすい。このタイプは話好きでいつも喋っているから、表現力豊かで、話を盛り上げたり、座をわかせたりするコツを身につけている。

「彼は話がうまい」

「彼女は上手に話す」

と、話し上手との評価を得たりもする。問題は、「相手も話したがっている」ことを忘れて、得意になって喋りすぎるところにある。すぐ喋りたくなる人が、自分の気持ちを抑えて、聞き役に回るのは並大抵なことではない。

頭のよさを誇示しても、品はよくならない

「一を聞いて十を知る」と言われるように、相手の話の最初の部分を聞くと、それから先、何を言いたがっているかまでわかってしまう、頭のいい人、回転のいい人がいるものだ。このタイプも、じっくり相手の話に耳を傾けることができない。確かに、一言聞くだけで、何の話かわかってしまうことはあり得る。特に、頭の回りの早い人には、よくあることだろう。

だが、日本人の話し方は、本当に言いたいことは最後に出てくる場合が多い。頭のよさはしばしば、早合点、早とちりに陥りやすい。それと、仮に一言でわかったとしても、話し手には、聞いて欲しいとの気持ちが残る。頭のよさを誇示して「いちいち言わなくてもわかる」タイプには、聞いて欲しいとの相手の気持ちがわからない。

「結論だけ話すように。あとは聞かなくてもわかる」

これではいかにも自己中心で、品格を欠く。

心がけたい三つのこと

人は自分に都合よく話を聞くという傾向がある。話し手が言いたがっていることでは

なく、自分の聞きたいように聞いてしまうのだ。部下がやってきて、話しかける。

「部長はいいですね。いつも元気で生き生きしていて」

これを受けた上司は、

「元気なのが取り柄だからね。毎朝、三十分ジョギングをしているせいか、食事もうまくてね」

実は部下が話したかったのは、「私は元気がなくて、このところ悩んでいるんです。どうも、何をやっても力が入らなくて」ということだった。上司は自分のことを聞かれたと受け取ったため、部下の話が聞けなかった。「あなた、どう思う」は、意見を求めているのでなく、自分の気持ちを聞いて欲しいためのセリフである。

自分中心に聞いていると、相手が何を言いたがっているのか、わからなくなる。

話が聞けないのは、結局、相手の存在を忘れるところに原因がある。心がけたいのは、

「相手にも話してもらい、聞き役に回る」

「話は最後まで聞く」

「相手の気持ちになって聞く」

の三点である。

●「相槌の打ち方」で品の良し悪しが決まる

相手を不安にさせたり、戸惑わせたりするのは、話し手であろうと、聞き手に回ろうと、好ましいやり方ではない。

ところで、聞くことは「沈黙」とは異なる。まだまだ、「黙って聞いていればそれでよい」と思っている人は少なくないようだ。

「要は聞いていればいい。それで十分、何か文句でもあるんですか」

でも、どうだろう。目をつむって、腕組みをして、黙って聞いていられたら、話し手はどんな気持ちになるだろうか。

聞くのにも相手がいるのである。自分ひとりで聞いているのではなく、目の前に話し手がいて、聞き手の存在を気にしながら話しているのだ。それを考えれば、話し手が話しやすい聞き方を考えるのも、大切なことのひとつになる。

「あなたのメッセージはちゃんと届いていますよ。ほら、このとおりね」

と、聞いていることが相手にわかるような聞き方をして、安心して話せるようにする

のが、聞き手の役目でもある。それには、次の三つ、すなわち、

- 目を見て

- 表情を生き生きと

- 要所要所で相槌を打って

聞くことである。

見るといっても、ジロジロ見たり、キョロキョロ目を動かしたりするのは、品のない聞き方で、話し手を不快にさせる。話しはじめに、相手の目を穏やかに見るとよい。以後はときどき目をはずし、また目を合わせる。この繰り返しを自然に行なう。

冷たい、とりつく島のない表情の人を見かける。その表情だけで、拒否された感じを与える。明るい表情の人は品がよい。相手を受け入れる心が表情に出るからだ。

同じ相槌を繰り返さない

頷きは、体で打つ相槌である。ただ、頷くのが癖という人もいる。頷かないよりはよ

いが、なんとなく頷くだけでは、〈本当に聞いているのかな〉と、相手を不安にさせるし、軽く見られる。

言葉に出して打つ「相槌」を用いるほうが話し手に手応えを与える。日本人は、相槌の打ち方がヘタだ。それだけに、上手に相槌が打てる人は、目につく存在となる。

相槌がヘタな原因のひとつに、相槌言葉の不足があげられる。同じ相槌の繰り返しで、単調になる。

「ええ」

「そうですか」

「なるほど」

ぐらいしか、言葉として浮かんでこないために、これらの相槌を、単に繰り返すだけというパターンが目につく。

以前、ある建設会社にリフォームの依頼をした。打ち合わせに、四十代半ばの男性の営業担当が何度かやってきた。彼は、話の最中に、

「ごもっともです」

という言葉を何回も繰り返した。最初はともかく、二度、三度と会って話すうちに、

この相槌が気になり始めた。汗をふきふき、媚《こ》びるような表情で、「ごもっともです」を繰り返されると、

「すみません」

「申しわけありません」

と、詫びを言われているようで、いやな気分になった。悪いことをしたわけでもないのに、申しわけなさそうに「ごもっともです」と言われると、何か下心でもあるんじゃないかと、疑いたくなってしまう。

相槌は恐縮、あるいは卑屈な態度で打つと、下品になる。相手と同じ目線で、話の内容に応じて、言葉を変えることによって、品のよい相槌が打てるのである。

そこで提案したい。何人かで思いつくままに相槌の言葉を出し合って、書いてみて欲しい。一覧にしてみると、知ってはいるが使っていない言葉がたくさん目にとまるだろう。それらを意識して使っているうちに、同じ相槌を繰り返さなくてすむようになる。

大げさな相槌は品がない

単調な相槌と並んで、オーバーな相槌も品がない。不自然で、いかにもわざとらしい

からである。自然で、調和のとれた姿に、人は美しさを感じる。美しいものには気品がある。不自然でわざとらしいものに、美しさは感じられない。

「へえ！」

「ウソ！」

この程度の相槌でも、中年の男の口から発せられると軽くなる。また、

「なるほど！」

大きな声を出して、ジェスチャーまで入れてする相槌は不自然である。相手の話に応じて、「そう」「面白かったでしょうね」「それからどうなったの」などなど、自然に口から出るのがよい。

驚きの相槌を上手に打つ

意外だった、知らなかった、初めて聞いたという場合、軽い驚きをともなう相槌を打つと効果的だ。聞き手の驚く姿に接して、話し手は嬉しくなる。

聞いていることを伝えるという点で、聞くのも表現である。その表現に品があるかどうかは、相手を尊重して聞くかどうかで決まる。

●〝一流の聞き手〟は話し手を育てる

〈部下が勉強しない〉〈やる気がない〉〈職場が盛り上らない〉などと、嘆いている上司がいる。もしかして、あなたもリーダーとして、同じ思いを抱いているかもしれない。

その原因がどこにあるかというと、部下ばかりを責められない。自分が原因の一端となっていないともかぎらないからだ。

部下が業務改善の提案をしてきた。ところが、上司は、

「お前は何もわかってないな。こんな提案、通るわけないだろう」

一刀両断のもとに、叩きすてる。こんなことが二度、三度あれば、勉強する気にもなれないだろう。

一流の聞き手は相手をその気にさせる

相手を「勉強しない、仕様のない連中」と決めつけるのをやめ、自分が聞き役に回って、話を熱心に聞いてみる。

人間、話を聞いてもらえるぐらい、嬉しいことはない。松下幸之助氏は経営者としても超一流の人物、聞き手としても一流であったと言われている。その人が次のように述べている。

「部下が勉強しないとぼやく管理者は、部下の話を本気で聞くことだ。部下にすれば上司が自分の話に真剣に耳を傾けてくれるぐらい嬉しいことはない。部下は、第一にやる気をおこし、第二に、上司の質問に答えられるように、もっと勉強するようになり、第三に、仕事に自信がもてるようになる」

上司は、「面白い発想だな」「この点はどうなっているんだ」などと、突っ込んで聞くことで、部下の意欲と能力を喚起して、指導、育成の役割を果たしているのだ。

子供の話につき合って、一生懸命耳を傾けてくれる親のもとでは、子供は、

〈自分は大切にされている〉

〈自分のことを親は愛してくれている〉

との実感を持つことができて、子供の心に肯定的な自己評価が生まれる。自分を肯定できることは、他人を受け入れることでもあるから、大人になったとき、器の大きな人

間へと成長する。ここでも、親はガミガミ口汚くののしるのでなく、熱心な聞き手になることで、子供を育てられるのである。

日本人はなぜ、言い訳から始めるのか

これに対しては、有名なエピソードがある。総理大臣に就任して間もない頃の、宮澤喜一氏の話だ。

宮澤さんは、就任後間もなく、外国人の記者クラブの集まりから招待された。経済の専門家で、真面目そのもの、堅い話が多い人だったが、この日は珍しく、ジョークをまじえてスピーチした。

「初めてアメリカを訪問したとき、私は二つのものを手に入れました。一つは自由の女神に象徴される自由の素晴らしさ。二つ目は、ここにいる、わが妻です」

宮澤さんは、実は恐る恐るこのジョークを言ったのだが、何と、満場われんばかりの拍手だった。ほっとすると同時に、ジョークは言ってみるものだと、気をよくした。

それから数日後。今度は日本の経営者の集まりに、やはり夫婦で招待され、はじめに、スピーチをした。前回うけたので、ジョークまじりの同じ内容の話をした。だが、

「ここにいる、わが妻を得ました」

という箇所で、どっと笑いが起こるかと思ったのに、日本の経営者たちは、ニコリともせず、シーンとして聞いていた。その顔は、

〈総理ともあろうものが、つまらない冗談はよしなさい〉

と、言っているように見えた。この経験で宮澤さんは、再びもとの堅い話しかしなくなったという。

欧米人は、ジョークからスピーチを始める。それは、聴衆がジョークを歓迎して、楽しく聞くからである。聴衆の好意的な聞き方が、欧米人に安心してジョークを話させ、次第にジョークも洗練されて、上手になった。いわば聴衆のおかげである。

日本の場合は、ジョークを言っても、〈はしたない〉などと、冷たい反応しか返ってこないため、話し手は人前でのスピーチに自信が持てなくなってしまったのだ。聞きベタが話しベタを作っている見本のようなものではないか。

ジョークを聞いたら、一緒になって笑える聞き手になろう

中高年の男性が、他愛のないギャグをとばす。若い人が、したり顔で、

「さむい！」

などと、ひやかす。品のない話である。一般人に、タレントのような面白いギャグやジョークを期待するほうが無理である。おやじギャグであって、一緒に笑うことで、相手も安心し、次はもっとましなネタを仕入れようと、レベルアップを目指すのだ。

真面目一本の堅い話には余裕がない。会話にもスピーチにも笑いが欲しい。一流の聞き手は、そのことを望みながら、話し手につき合って、一緒に笑う人である。

こんなジョークがある。

「あなたのジョークを聞いて、奥さんが笑ったら、よほどよくできたジョークか、よほどよくできた奥さんか、どちらかである」

夫の駄洒落に、妻が「面白い！」と一緒になって笑う。

「旦那さんの駄洒落は、そんなに面白いですか」と聞いたところ、「面白いはずないでしょ」との答えが返ってきた。

「でも、面白いって言うと機嫌がよくなるんですもの」

よくできた奥さんである。

●〝言い争い〟は品位を落とすだけ

受けて立つ。

この言葉から、横綱の相撲が頭に浮ぶ。相手が先手をとろうと、向かってくるのを、堂々と受けて立つ。逃げたり、飛んだりしない。ゆっくりと立って、しっかり受けとめる。

その姿には、横綱としての風格、品格が感じられて、美しくさえあるのだが、最近の横綱は、飛んだりかわしたりして見苦しい。マスコミには叩かれたが、元横綱・貴乃花は、どんな場合も逃げずに、堂々と受けて立った。彼には、横綱としての風格があった。

受けて立つ。すなわち、相手に先手を譲る態度のことである。

双方が先手を争っても、問題は解決しない

先手の一言が状況を有利に導くことは多いとはいえ、双方が先手を争っていたら、対立は深まる一方となる。

仕事でも私生活でも、人生に対立はつきものである。職場でも、例えば、営業と生産現場での納期を巡る対立。

「この競争の激しい世界で、納期遅れは致命的だ。だから、前もって納期を知らせておいたのに、いまになって間に合わないとは、現場はいったい、何をやっているのか。なにがなんでも、期日までには製品を納めてもらう」

と、営業が声を大にしてまくし立てる。現場の担当者も、目をつり上げて、言い返す。

「営業こそ、何を勝手なことを言ってるんだ。現場の事情もわからずに、客の言いなりになって納期を決めて、自分たちの成績だけあげようとしてるんだ。第一、納期のことなんか、こっちは聞いてないぞ」

「メールでちゃんと知らせてある。確かめればわかることだ」

「そんな重要なことを、メール一本ですませようって料簡が気に入らない」

「なんだ、いまになって言いがかりをつけようっていうのか」

営業も製造も、会社全体からみれば目的はひとつなのに双方、自分の言い分だけを主張して、対立をあおるだけ。愚かであり、見苦しいが、なかなか抜けられない。これでは、問題はいっこうに解決しない。

「許せない」が口癖の人

この言葉を人が口にするのは、あとに「私にだってプライドがある」というセリフが控えているためである。すなわち、

「私はプライドを傷つけられた」

「私のプライドが許せないのだ」

となる。プライドを傷つけられてまで黙っていられない、とばかり、争って言い立てるのである。

問題は、この場合のプライドである。

人間、とかく自分の都合や感情を優先させて、思いどおりにならないと、意地になって、

「許せない」

「馬鹿にするな」

などと声を荒げ、二言目には、

「私にだってプライドがある」

こんな図式にはまってしまう。

前にも述べたが、プライドには「本物のプライド」「間違ったプライド」の二つがある。えてして「間違ったプライド」に振り回され、意地や面子にとらわれて、「許せない」を口癖のように持ち出す人がいる。

本来、プライドというのは、誇りであり、自分を支える何かである。プライドがあるからこそ、一歩譲って聞き役に回ることもできるのである。

口癖の「許せない」は、品のない言葉である。狭い自分にとらわれた人の言葉だからである。

言い争いから抜けられないのも、小さな意地にとらわれて、本当のプライドを失っているからではなかろうか。

「お先にどうぞ」と言える人

夫婦でも親子でも、先手をとって喋りたがる人が多い。逆にいえば、相手から話す機会を奪っているのだ。

子供が何か言おうとすると、

「まず、お父さんの話を聞きなさい」

「お母さんが先、あなたは黙って聞いていればいいの」

と、親が先手をとってしまう。夫婦でも、

「お前の話は聞かなくてもわかっている」

「あなたは黙っていて。言いたいことがあるんだから」

どちらかが、先に話そうとする。

ここで、

「まず、お前の話を先に聞こう」

と、相手に譲ることができたら、言い争いは少なくなるのである。

狭い道をクルマがすれ違うとき、どちらかが脇によって、

「お先にどうぞ」

と、相手に譲ればお互い、気持よく通りぬけられる。最近、「私が先」とばかり、両方が突っ込んできて、立往生する場面を再三見かける。言い争いの種を作っているようなものである。

日本人のかつての美風、

「どうぞお先に」

を、とりもどしたいものだ。互いに先を争うのは、見苦しい姿である。

「自分の話を聞いて欲しかったら、先に相手の話を聞くことである」

そのとおり。だが、実行となると難しい。どうするか。

コミュニケーションの世界にヒエラルキーが作られ、「話す」が上、「聞く」が下とみなされている現実は、一刻も早く打破すべきである。上位者が先に話すという発想も、ヒエラルキーがもたらしたものである。この関係を打ち破るには、あえて「聞く」が先、特に上位者から先に聞くことを実践するとよい。

聞き手がいて、コミュニケーションが成り立つ、という基本を再確認しよう。

第5章

「品格」は外見で判断される

▼姿勢・動作・表情にも気を配る

見かけによらない場合があるにせよ、見かけで人を判断するのが、人間の現実である。

第一に、見かけ、すなわち目から入る刺激に、人は強く影響されるからだ。目に飛び込んでくる刺激で、一瞬にして、

「感じがいい」

「しっかりしている」

「信頼できる」

といった判断を下す。

正反対に、

「感じが悪い」

「だらしがない」

「信頼できない」

と、判断される場合もある。

言葉を発しなくても、その人の姿勢、動作、表情などだけで、品の良し悪しの判断までされてしまうこともある。

第二に、相手を理解する手がかりが、いつも用意されているわけではないからだ。特に、見知らぬ人、初対面の相手となると、手がかりは、目の前の相手の姿ぐらいしかない。これらのわずかな視覚情報をもとに、相手がどんな人か、理解しなければならない。すなわち、「見かけ」に頼って判断を下すしかないのである。

第三に、人の心は外見にあらわれるからだ。心が落ち着かないと、態度、素振りに出てしまう。「この顔が嘘をつく顔だと思いますか」と開き直った人がいるが、嘘をつくとたいていの場合、顔にあらわれる。

人は見かけによらないことがあるとも言えるが、見た目によって判断される現実を承知し、品よく見られる工夫をしなければなるまい。

見かけのいい人は品もいいからである。

「見た目」というと、表面だけのように受け取りやすいが、実は奥深いものがある。生き方、人柄、性格、経験や長年の修業によって得た力、仕事への取り組み方などの総合された〝その人〟が、見た目に凝縮されているからである。

●「品のよい姿勢」を保つ三つのポイント

話し方の講師、Uさんはお酒が好きで、よく飲みに行く。馴染みの店のママに言わせると、いつも楽しそうに飲んでいて、酔っているのかいないのか、わからないそうだ。

「ドアを開けてお店に入ってくるとき、背筋を伸ばした、きちんとした姿勢で、『今晩は』と、ゆっくり一歩一歩、中に入って来られるんです。ほかのお店で一杯やって、お酒が入っているときも、変わりないんですよ。座って話している姿も、ちゃんと背筋が伸びていて、崩れないんですね。U先生みたいな、品のいいお客さんばかりだといいんですけどね」

Uさんに言わせると、

「長年、講師をやっていますから、大勢の前に立つときの、背筋を伸ばした姿勢が身についてしまったんでしょう。ドアを開けてお店の中に入った瞬間、教壇の前に立つときと同じ姿勢になっているんじゃないかな。怖いですね」

「で、ゆっくり歩いて入っていくのは？」

「あれは酔っているように見せないために、わざとやっているんです」

「なるほど、演出もしてるんだ」

「お酒は楽しく飲みたいですからね」

Uさんの姿勢には、やはりUさんの思いがこもっているようだ。

姿勢についての三つのポイント

同時に、姿勢は長年にわたるその人の習慣によって作られたものである。

「昔、武道をやっていた人の、背筋の張った座り方を目にすると、品と威厳のようなものを感じます」

若い女性の感想だが、その人のものになっている姿勢は見る者に品格を感じさせる。

よい姿勢として、長年の習慣にしたいのは、次の三点である。

①背筋を伸ばす

背が丸かったり、肩を落として下を向いていたりすると、暗い感じがする。気持ちが落ち込むと、知らずにこんな姿勢になりやすい。逆に、意識して背を伸ばし、顔を上げた姿勢をとると、気分も明るくなる。そこに、相手を不快にさせない思いやりが加われば、やがて自然に背筋が伸びるようになる。

②座り方――深めに座り、上体を起こす

浅く座って足を出している人を、電車の中で見かけることがある。だらしなく見える上に、立っている人の迷惑になる。座るとき、足を組むのは、外資系の会社など一部では認められるかもしれないが、日本人の姿勢としては、まだ不自然だろう。

③立ち姿――両足に均等に体重をのせ、下腹に軽く力を入れて、自然な姿で立つ

体をゆすったり、足がぐらついたりする姿勢は、柄が悪い。

よい姿勢を習慣にすると、自ずと品が出る。

「姿勢」とは、物事に向かうときの身体の格好や構えをいう。姿勢の崩れは、心の崩れに通じる。物事に対して、だらしのない、いい加減な向かい方をしている証拠でもある。逆に、構えが強過ぎると、堅い姿勢になって、余裕が感じられない。まずは、形から入ることであろう。

●「歩き方」にあらわれる〝人となり〟

歩き方いろいろ

フランスの作家、バルザックは、

「歩き方は身体の表情である」

と、言ったとか。

歩き方には、そのときどきの人の気持ちがあらわれる。急いでいるときは早足になっていて、前の人をかきわけて先に進みたくなる。専務に呼ばれて役員室に入っていくとき、緊張と不安とで、足元がふらつくこともある。好きな相手に会いに行くときの歩き方は、浮き浮きした気分に誘われ、知らぬ間に軽やかになっていないだろうか。

自分の歩き方はさておき、他人の歩き方を見て、人はいろいろなことを言うものだ。

「彼女、なんだってあんなに急いで歩くんだろう」

「彼って、いつもあんなふうにせかせか歩くのよね」

「なんとかならないのかね。あの足を引きずるような、ダラダラ歩く癖は」

といった具合に、気になる、好ましくない歩き方に反応して、小言を言う。自分では気にならなくても、歩き方は相手に見られているのである。同時に、歩き方には〝自分〟が出てしまうのだ。

「女性の歩き方は、用向きによって変わる」と言われるのは、女性はそれだけ気持ちが正直にあらわれるからだろう。男性の場合も、歩き方にその人間性があらわれる。

歩き方を変えれば自分が変わる

そこで、第一に、自分がどんな歩き方をしているか、自己チェックすることだ。

第二に、緊張するここ一番という場面では、意識して、落ち着いたゆったりした歩き方に変えること。歩き方を変えると、心の状態も変わる。

第三に、仕事がうまくいかず、気落ちして、足も重くなりがちなとき、あえてしっかりした足取りで歩くこと。いやな気分を引きずって、いつまでもだらけた歩き方をしないことだ。人の目には、なげやりな品の悪い歩き方に映る。

歩き方を変えると、気分も変わるのである。たかが歩き方と思うかもしれないが、気持ちに及ぼす影響は大きい。

相手の歩き方に合わせる

早足で、自分ひとり、さっさと先に歩いてしまう人がいる。時間に間に合わないのなら、ゆっくりの人を急がせて、早く歩くのもやむを得ないが、そうでない場合は、相手の速度に合わせて歩くようにしたい。

健康で体力があり、普段から足の早い人は、ともすると自分のペースで歩きがちである。さり気なく、相手の速度に合わせて歩けるようにしたい。

品のよい歩き方とは、落ち着いてゆっくり歩くこと、必要に応じて、歩き方を変えること、相手の歩幅に合わせて歩けること――この三点を実践している人が身につけた歩き方のことである。

知り合いの女性が、あるとき、珍しくヒールを履いてやってきた。いくぶん改まった感じが姿勢にもあらわれていて、いい感じだった。別れたあとも、ヒールの音がしばらく残った。

歩き方、靴音は、人に思いがけない影響を及ぼすものだと思った。

男がやってくる。姿は見えないが、コツコツと靴音だけが響く。一歩一歩、男が近づくのがわかる。映画『第三の男』の印象に残るシーンである。

●動作――どう動き、どこで〝止める〟か

立ち止まる

「姿勢」はその人の静止した状態に向けられた言葉だが、「動作」は動きを中心にした言葉。とはいえ、人間の現実の活動は、動いたり、止まったり、止まったり動いたりしているのが普通だ。

「動き」には「止まる」がともなう。区切りごとに「止まる」が必要となる。

例えば、人前でスピーチをする場合でも、前に出てきていきなり喋りだすのではけじめがなく、だらしなく映る。

いったん立ち止まって、二、三秒間をとる。この「立ち止まる」という動作が、次に発する言葉を生かすのである。

通りがかった相手に会釈する場合でも、さり気なく立ち止まって、軽く頭を下げる。これを歩きながらやると、会釈されたほうは、立ち止まろうかどうか戸惑ってしまう。

何か動作をする場合、いったん動きを止める。一瞬の止めが、動作を生かすのである。

気になる動作の癖

身体を動かすという場合、何らかの意図を持って行なうのと、単なる癖として行なう場合の二つがある。後者の代表が「貧乏ゆすり」である。

貧乏ゆすりが癖になっている人は、無意識のうちにやってしまうようだが、案外、焦ったり、イライラした心の状態、また所在なさが原因になっている場合もある。

単なる癖として捉えるのでは、貧乏ゆすりは追放できない。思いどおりにならないいら立ちが、貧乏ゆすりを引き起こしているのなら、そのもとになるところに検討を加えなければいけないだろう。それに貧乏ゆすりは、相手を不快にさせる。

ある広告会社のクリエイティブ部門がプレゼンテーションで失敗した。プレゼン自体は内容も表現もよかったのだが、質疑応答の時間に「貧乏ゆすり」をしたり、頰杖をついたりして、それがお客を怒らせ、失敗したのだった。油断しやすいのが動作である。

ジェスチャー

身振り手振りを交えて話すのは、変化に富んで楽しいものだが、派手にやると、かえって座をシラケさせる。そのポイントをつかんでおこう。

●大げさにしないこと。立ち止まったり、両手を大きく広げたり、内容とかけ離れたジェスチャーは、逆効果になる。気持ちが乗ってきても、抑え気味にすること

●「お前だろう」と、指で相手を指すジェスチャー。相手はドキッとし、不快になる

●「オー、ノー」と、両肩をすくめて見せるのも、バタ臭くて、馴染めないやり方だ

動作も表現のひとつである。居酒屋などで、注文した料理をテーブルの上に乱暴に置いたり、よく揃えないで置きっぱなし状態で引き上げていく店員を見ていると、「お待たせしました」「ごゆっくりどうぞ」という言葉が空々しく聞こえる。

物を置く、置いた物を並べる。そこにある物を持ち上げる。どれも動作だが、相手の目に感じよく映る、優雅な動作を身につけている人は意外に少ない。

品のいい人はモノの扱いが丁寧である。受話器ひとつ置くにしても、丁寧に、ゆっくり置く。ホテルのチーフ・コンシェルジェの書いた本にこうある。

「モノをていねいに扱うことで、動作もていねいになり、心に余裕が生まれる」

立居振舞い、物腰、動作全般が、品のいい人は目につくと同時に、心の余裕さえ感じさせるのである。

●品のよい目の配り方

品のない目配り

目は話すとき、大きな働きをする。

目に力がある人に会うと、惹かれる。なんだか、頼もしく思えてきて、応援したくなるという女性がいた。

反対に、目つきが悪いとか、目配りひとつで、一瞬にして品の悪い印象を与えてしまう人もいる。

目の配り方で、品のないものとして、一番多くあげられるのが、

「ジロジロ見る」

である。頭のてっぺんからつま先まで、ジロジロと無遠慮に見るのは、失礼であり、まことに品のない所作である。相手に対して、

〈この人は何者?〉

と思っても、まるで品定めをするようにジロジロ見たりするのは失礼である。好奇心

の旺盛な人が、目を輝かせて相手を見る場合、そこには相手に対する好意がある。ジロジロ見るのには、一段上から見下すという悪意が感じられる。

次に多いのが、

「キョロキョロ見る」

である。キョロキョロは、視点の定まらない、落ち着かない目の動きで、見られる側も不安定な気持ちにさせられる。上目づかいにキョロキョロ見られると、顔色をうかがっているように感じられて、いやな気分になる。また、キョロキョロ目を光らせて見るとなると、監視されているようで、抵抗を感じる。

品のよい目の配り方は、相手をほっとさせ、安心させる。そんな目の配り方を、ここでは「アイ・コンタクト」と名づける。

上手なアイ・コンタクト

目と目が合って、そこから気持ちの交流、情報の交換が行なわれることを、「アイ・コンタクト」と言うのだが、日本人は人と目を合わせるのが苦手なタイプが少なくない。

アイ・コンタクトが上手にできれば、品のよい目の配り方もできるようになる。それにはどうするか。

①目が合った瞬間、目をそらさない。最初が肝心。ここで目をそらすと、ぎこちない空気が流れて、お互い、心が離れてしまう。三秒でよい。目をそらさないこと。

②相手の目の周囲を、やんわり見る。ジッと刺すような目で見るのは、相手に、プレッシャーを与える好ましくないやり方だ。

③目をそらすときは、さり気なく下に。上や左右にそらさないこと。中には目を横にそらせ、一瞬、考え深そうにする人がいて、その間の間合いがよいと、上品な感じを与える。

「目に生気がある」「目が優しい」「目が澄んでいる」などは、その人の心が目に出ることを言いあらわした言葉である。写真家、土門拳にこんな言葉がある。

「気力は眼に出る。生活は顔色に出る。教養は声に出る」

●お辞儀ひとつで品格が判断される

お辞儀の品の良し悪し

田舎の中学を卒業して上京する際、先生に言われた。

「世の中に出て、一番大切なのは、お辞儀だ。お辞儀さえきちんとできれば、何も怖いものはない」

右の言葉は、いまでもはっきり覚えている。それぐらいだから、私はさぞ立派なお辞儀ができ、それには風格さえともなっている、と言いたいところだが、皮肉なことに、いまもって、お辞儀には自信がない。

上京して最初の勤め先で、半年たった頃、社長から質問された。

「商売で一番大切なものは何か」

「わかりません」

「仕様がない奴だ。商売で一番大切なのは、お客様に対するお辞儀だ」

私は緊張した。担任の先生に言われた言葉を思い出したからだ。

社長は言った。

「お前のお辞儀はなっていない。商売人のするお辞儀ではない」

いまなら、「どこがなっていないのか」「どうすればよいか」と、食い下がって聞いただろうが、そのときの私は、ショックで打ちのめされて、何も言えなかった。結局、私はその会社をやめてしまった。

その後も、先生、上司、先輩などから、「お辞儀の仕方が悪い」と注意された。それらの経験から、お辞儀は頭を下げて、上げるときがもっとも大切だということがわかった。

●ゆっくりと丁寧に上げる
●その際、あごが上がらないように
●ゆっくり頭を上げ、心を込めて相手の目を見る

右の三つが身についている人のお辞儀は、例外なく、品がよい。私はまだ身についているとはいえない。あごが出てしまうからだ。

全身でするお辞儀

形だけ、格好だけのお辞儀しかしない人がいる。そんなお辞儀は大した力にならない。白々しい感じさえ、与えかねない。

お辞儀が大きな力を発揮するのは、全力を傾けてするときだ。

向田邦子に『お辞儀』という作品がある。

家で威張り散らしている父親が、祖母の通夜の晩、玄関に会社の社長があらわれたと知って、周りの客を蹴散らすように飛んでいって、お辞儀をした。それはお辞儀というより、平伏といったほうがよかった。初めて見る父の姿だった。家族に見えないところで、父はこの姿で戦ってきたのだと思うと、胸がうずいた。

ざっと要約すると、こんな内容の作品だが、父親のお辞儀が目に浮かぶようで、向田さんの作品の中でも印象に残るもののひとつである。全身でするお辞儀は、人の心に焼きついて、いつまでも離れないだけの力を持つのである。

●表情は〝心を映す鏡〟である

相手を不快にさせる品のない表情

表情はもっとも目につくのに、無関心な人が多いのではないか。自分の目で見ることができないからだ。朝、エレベーターホールに集まっている、男女の表情のなんとお粗末なことか。

お化粧もいいが、表情にも同じくらい、気を配りたいものだ。

相手を戸惑わせる表情の第一は、「暗い表情」である。

切れ者上司の中に、こうした表情の人を見かける。その上、眉間にたて皺が見えたりすれば、部下は近寄りがたい。

人生にいやなこと、つらいことはつきものだが、その都度、暗い表情をしていたら、相手を戸惑わせるだけでなく、自分自身もますます落ち込んでしまうだろう。ひとりのときはともかく、人と接する場合、明るい表情を心がけたい。

第二は、「不機嫌でイライラした表情」である。

周囲の人たちに気を遣わせ、場合によると怒らせる。自分の不機嫌を他人に当たり散らすのは、大人のやることではない。

不機嫌さを前面に出す人は品がない。下品な顔になっているのを、本人だけが気づかないのは悲しい。

第三に、「無表情」である。

話を聞くとき、無表情、無反応の人が増えている。話し手は戸惑い、話す気がしなくなる。無表情の人とは感情の交流が行なわれず、コミュニケーションもやがてストップしてしまう。話し手まで影響を受けて無表情になることがある。

生き生きした表情を作る

明るい表情、上機嫌な表情、生き生きした表情は、楽しいとき、嬉しいとき、心から出てくるものだが、人生、そんなときばかりではない。

あえて、明るい表情を作らねばならないことも多い。

まず、朝一番、髭をそったり、お化粧をしたりして鏡に向かう際、自分の表情をチェックしてみる。鏡に向かって、自分のお気に入りの表情をしてみる。それをイメージしてしまっておく。

次に、イライラしたり気が滅入ったりしたとき、鏡を見て、イメージした表情に近づける。ある課長は、デスクの引き出しに鏡を入れておき、日に一、二回鏡をのぞく。暗い顔が映ったら、にっこりしてみせるという。

ロシアの文豪、ドストエフスキーは、『死の家の記録』の中で、六十歳ぐらいの小柄な白髪の老人が、子供のような素直さのあふれる笑顔で人に接するのを見て、心を打たれ、こう書いている。

「人間はその笑い方で人柄がわかる。笑い声が気持ちよく感じられたら、その人はよい人である」

おそらく、この小柄な老人は表情も素晴らしかったろうし、品のある人として、周囲から慕われていたに違いない。

ドアを開けて入ってきた瞬間の表情が明るい人は好感を持たれる。

おわりに

本書の内容を要約すればこうなる。

大切なのはうまく話すことではない。
いかに感じよく、品よく話せるかである。

●話し方の品格——十カ条——

一、自分の言葉で話す
二、他人の痛みがわかる
三、ほどよさを心得ている
四、相手と同じ目線で話す
五、話に間がとれている

六、オーラがある
七、正直で自分を飾らない
八、心にゆとりがある
九、笑顔が魅力的
十、本物のプライドの持ち主

※「話し方の品格」に関するアンケートより

本書の執筆にあたって、野村美佐枝さんをはじめ、彼女の知人、友人など、年齢・性別・職業の異なる二十一名の方々に、記述式アンケート調査に協力していただきました。ユニークで示唆に富む解答が多く、たくさんのヒントが得られました。心からお礼申し上げます。

著者

福田　健（ふくだ・たけし）

1961年、中央大学法学部卒業後、大和運輸（ヤマト運輸）に入社。1967年、言論科学研究所入所。指導部長、理事を歴任。1983年、（株）話し方研究所設立、同研究所所長に就任。2004年、会長。コミュニケーションを軸にした講演、講座に出講。また、話し方研究所主催のセミナーでも直接指導にあたる。
主な著書に『頭のいい人は質問が上手い』『人は「話し方」で９割変わる』『あなたの「話し方」がダメな理由』『好感度が300％UPする「謝り方」』（弊社刊）、『「場の空気」が読める人、読めない人』（PHP新書）、『上手な「聞き方・話し方」の技術』（ダイヤモンド社）など多数。

［著者連絡先］
（株）話し方研究所
〒113-0034　東京都文京区湯島3-20-12
ツナシマ第２ビル新館１Ｆ
TEL（03）3836-9211

リュウ・ブックス
アステ新書

RYU BOOKS ASTI

「話し方」の品格

2007年10月５日　初版第１刷発行
2007年10月23日　初版第２刷発行

著　者　福田　健
発行人　佐藤有美
編集人　渡部　周
発行所　株式会社経済界
〒105-0001　東京都港区虎ノ門2-6-4
出版部☎03-3503-1213
販売部☎03-3503-1212
振　替00130-8-160266
http://www.keizaikai.co.jp/

装　幀　岡孝治
表紙装画　門坂流
印刷所　（株）光邦

ISBN978-4-7667-1038-0